U0854314

项目式学习实践指导丛书

丛书主编：桑国元

XIANGMUSHI XUEXI
SHIJIAN ZHIDAO
XIAOXUE KEXUE

项目式学习实践指导

小学科学

高潇怡　吴　静　王佳怡◎主编

北京师范大学出版集团
BEIJING NORMAL UNIVERSITY PUBLISHING GROUP
北京师范大学出版社

图书在版编目（CIP）数据

项目式学习实践指导. 小学科学/桑国元主编；高潇怡，吴静，王佳怡分册主编. --北京：北京师范大学出版社，2025.8. -- ISBN 978-7-303-30656-5

Ⅰ. G623

中国国家版本馆 CIP 数据核字第 2025YW2672 号

出版发行：北京师范大学出版社 https：//www. bnupg. com
北京市西城区新街口外大街 12-3 号
邮政编码：100088

印　　刷：保定市中画美凯印刷有限公司
经　　销：全国新华书店
开　　本：787 mm×1092 mm　1/16
印　　张：15.75
字　　数：266 千字
版　　次：2025 年 8 月第 1 版
印　　次：2025 年 8 月第 1 次印刷
定　　价：68.00 元

策划编辑：伊师孟　鲍红玉　　　　责任编辑：赵鑫钰
美术编辑：焦　丽　　　　　　　　装帧设计：焦　丽
责任校对：陈　民　　　　　　　　责任印制：马　洁

本书编委会

主编

高潇怡　吴静　王佳怡

编委（按姓氏笔画排序）

马晓丽　新疆农业大学附属中学小学部

尹　傲　广东省深圳市福田区福田小学

刘　娜　山东省滨州市邹平市鹤伴小学

李洪祥　北京市大兴区实验小学

杨晓娟　中国人民大学附属中学实验小学

肖峻玮　广东省深圳市南山区第二外国语学校（集团）学府二小

张秋敏　北京市海淀区教师进修学校附属实验小学

张锦滔　广东省深圳市南山区第二外国语学校（集团）学府一小

林戈阳　广东省深圳市龙华区龙华第三小学

富　晶　北京市西城区中古友谊小学

序　言

教育创新的关键转向：项目式学习助力课程改革深化

当今世界正处于一个快速发展与变革的时代，对人才能力的要求从传统的知识储备转变为以创新能力、协作意识、解决复杂问题能力为核心的素养发展。这种变化对教育的理论与实践提出了全新的挑战，也为全球教育变革掀开了新篇章。在此背景下，项目式学习（Project-Based Learning，PBL）作为一种以学生为中心、突出真实情境和核心素养培育的教学范式，成为当前全球教育变革的亮点之一。国际教育界对传统的“以知识灌输为核心”的教学方式进行了深刻的反思和批判。芬兰学校教育实施“现象教学法”，美国、加拿大等国家正在逐步推行跨学科项目式学习；国际文凭课程（IB 课程）中的“个人项目”和“跨学科探究任务”成为全球教育项目化实施的典范。这些成功实践表明，项目式学习不仅能提升学生的学习主动性，而且能培养学生的批判性思维、团队合作能力，以及应对复杂问题的能力，从而为培养具有全球竞争力与创造力的未来公民提供了可能。项目式学习的独特魅力在于，它通过问题驱动与真实任务的开展，将学生置于学习的中心，让学习从被动的“听”转变为主动的“做”。学生在项目的全过程中，从提出问题、协同设计、实践探索到展示成果、反思改进，每个环节都融入了跨学科思考、问题解决和团队协作。此外，项目式学习的实施能够帮助学生认清学科知识在解决实际问题中的真正价值，从而增强学生对学科知识学习的兴趣和动机。

一、我国课程改革呼唤项目式学习：育人方式变革迫在眉睫

近年来，党中央、国务院高度重视教育领域的改革与发展，特别是在义务教育阶段，明确提出要深化教育教学改革，全面提高教育质量。2019 年，中共中央、国务院印发的《关于深化教育教学改革全面提高义务教育质量的意见》（以下简称《意见》）强调“坚持立德树人，着力培养担当民族复兴大任的时代新人”，并提出“强化课堂主阵地作用，切实提高课堂教学质量”的具体要求。2022 年，义务教育课程方案和各学科课程标准的颁布，进一步明确了“核心素养导向”的教育目标，强调要注重学生的实

践能力、创新精神和综合素质培养。在这一背景下，项目式学习作为一种以学生为中心、注重真实情境和问题解决的教学方式，成为推动我国课程改革的重要抓手。

项目式学习与我国课程改革的核心目标高度契合。项目式学习强调“做中学”，通过真实问题的驱动，引导学生主动探究、实践、反思，这与《意见》所提出的激发学生创新意识、培养学生实践能力的要求不谋而合。项目式学习还注重跨学科整合，鼓励学生在解决复杂问题的过程中综合运用多学科知识，这与《义务教育课程方案（2022 年版）》所提出的加强课程综合、突出实践的理念相一致。例如，在科学课程中，学生可以通过设计并实施环保项目，深入理解生态保护的重要性；在语文课程中，学生可以通过创作和展示文学作品，提升语言表达能力和审美素养。此外，项目式学习还强调学生的自主性和协作性，通过团队合作和成果展示，培养学生的沟通能力、合作意识和责任感。

总之，项目式学习不仅是教育理念的创新，更是教学实践的革新。在我国课程改革的背景下，项目式学习的广泛应用将为培养德智体美劳全面发展的社会主义建设者和接班人提供重要助力，同时为构建高质量教育体系注入新的活力。通过项目式学习，我们能够更好地实现从“知识本位”向“素养本位”的转变，为学生的终身学习和未来发展奠定坚实基础。

二、本书架构与特色：立体视野与实践变革

尽管项目式学习已成为教育改革的全球共识，但在具体实施过程中，不少教育者仍面临诸多问题与困惑。根据国内外研究和实践经验，项目式学习的高质量实施高度依赖教师的专业能力，包括以下几方面。一是项目设计能力：如何选取贴近学生真实生活且具有学科价值的问题，设计出有效推动学生深度学习的项目？二是项目实施能力：如何在项目实施过程中适时引导学生，尊重学生的个性化发展路径并支持他们的持续探究和深度学习？三是评价反馈能力：如何通过多元化评价方式关注学生的学习过程与结果，以实现学习效果的最大化？这些问题充分说明了推动项目式学习在中小学落地不仅需要提供先进的理念支撑，还需要提供系统且实用的专业知识支持，这正是我们编写“项目式学习实践指导丛书”的初衷。在编写这套丛书时，我们始终紧扣一线教师的实际教学需求，以帮助教师在项目式学习的各个环节中实现理论与实践的高效融通。

“项目式学习实践指导丛书”分为两个重要部分：理论基础与实践案例。理论基础部分重点介绍了项目式学习的核心理念、教学设计原则及其落实到具体学科的实践方式，以帮助教师解决在思想认知上的困惑，理解项目式学习的“道”，为实施项目式学习提供清晰的方法论指导；实践案例部分则聚焦中小学不同学段与各学科的教学特点，提供一线教师经过实践总结的项目设计方案及实施过程，全景展示项目式学习在学科教学中的具体运用方式，帮助教师认识项目式学习的“术”。这些案例涵盖不同学段、不同学科教学情境中的成功经验，可操作性强，契合一线教师的需求。我们期望通过系统化的专业支持，为广大教师在通过项目式学习变革教与学方式的道路上提供有益的导航。

三、对未来教育的展望

教育是面向未来的事业。通过项目式学习，学生不仅能掌握知识，还能学会如何学习；不仅能具备解决问题的能力，还能主动去发现并定义问题。从教育者的角度看，项目式学习超越了课本知识的局限，将教学与社会现实深度连接。对于中国教育而言，这不仅是一种课堂革命，更是一种成长方式的变革。同时，项目式学习的成功实施离不开教师的参与和成长。作为这场教育变革中的关键角色，教师既是引导者，也是实践者。在推进项目式学习的过程中，教师需要不断提升自身的教学素养，并通过学习与交流，形成持续发展的教学共同体。希望这套丛书能够成为激励教师创新教学方式、提升专业素养的重要助力工具，让教师、学生在项目式学习中真正实现共同成长。

站在教育发展的全新起点，无论是对于中小学教师，还是对于中国教育整体改革的宏大目标而言，“项目式学习实践指导丛书”都恰逢其时。我们坚信，项目式学习将为培养学生应对未来复杂社会需求的重要核心素养带来强大推动力，也将为新时代教育的高质量发展开辟更加广阔的空间。愿此套丛书能够为广大教师的教学实践提供全新的行动指南，从而助力中国教育的高质量发展和教育强国建设！

桑国元

北京师范大学

2025 年 3 月 1 日

目　录
CONTENTS

目　录

CONTENTS

目 录

CONTENTS

上篇

项目式学习概说

S H A N G

P I A N

一、项目式学习的时代价值

中国经济的快速发展和经济全球化的深入，对教育体系提出了更高的要求，培养具有创新能力、批判性思维和解决复杂问题能力的人才成为时代之需。传统的填鸭式教学方法已难以满足社会对创新型人才的需求，而项目式学习（Project-Based Learning，PBL）作为一种以学生为中心、强调实践与探究的教学模式，正逐渐被世界各地的教育者所重视和推广。

项目式学习的核心是让学生通过参与真实世界的问题解决过程，进行自主学习和合作探究。这种学习方式鼓励学生主动寻找问题的答案，而不是被动接受教师的知识传授。在这个过程中，学生不仅能够获得知识和技能，还能够增强批判性思维、解决问题的能力和团队合作精神。在中国，项目式学习具有哪些时代价值？如何服务于我国教育高质量发展？本书将从响应国家教育改革导向、助力中国教育高质量发展、顺应基础教育新一轮课程改革、帮助儿童青少年适应未来社会需求四个方面进行阐述。

（一）响应国家教育改革导向

中国政府在近年来的多项政策文件中明确提出要深化教育教学改革，推行素质教育，培养学生创新精神和实践能力。深入贯彻落实党的二十大精神，基础教育课程教学改革需要积极应对中国式现代化的基本要求，全面贯彻党的教育方针，落实立德树人根本任务，奋力绘制基础教育育人图景。项目式学习有利于贯彻《中共中央 国务院关于深化教育教学改革全面提高义务教育质量的意见》提出的“探索基于学科的课程综合化教学，开展研究型、项目化、合作式学习”的有关要求，落实学科实践、跨学科主题学习、大单元教学、大概念教学等实践样态，从而更加有效地培育学生的核心素养。广大教育研究人员开始对基于理解的设计、深度学习、表现性评价等领域开展理论研究，带动了一线教师对大概念、大单元、大主题等教与学的实践探索。其中，项目式学习由于其深刻的价值意蕴和强大的实践逻辑，在深化基础教育课程改革、创新教与学方式的过程中发挥着重要作用。

中国正在加速向创新驱动型国家转型，创新人才的培养已经成为国家发展的重要战略目标。项目式学习能够培养学生的创新思维和创造力，激发学生的创新意识，为中国培养更多的创新型人才提供了重要途径。项目式学习对当下我国拔尖创新人才的培育同样具有重要价值。拔尖创新人才培养是科技第一生产力、人才第一资源、创新第一动力的战略结合点。拔尖创新人才源源不断地涌现，是教育强国的重要标志之一。“着力造就拔尖创新人才”是教育、科技、人才统筹推进高质量发展的关键举措，是建设教育强国的重点工程，关系到百年未有之大变局中我国能否实现科技自立自强和经济创新发展，进而全面实现现代化。着力培养拔尖创新人才，有赖于唯才是举、人尽其才的用人制度，有赖于学生兴趣、潜能、个性得到充分激发的教育，它需要我国教育实现系统性跃升和质变。基础教育是教育强国的“基点”，也是拔尖创新人才成长的摇篮。着力培养拔尖创新人才，绝不是仅仅面向少数天才的教育改革，而是需要基础教育的系统性变革[1]，更需要基础教育育人方式的深度变革。

（二）助力中国教育高质量发展

传统的课堂教学往往过于注重死记硬背和应试，忽视了学生的实际能力和创新潜力。项目式学习能够打破传统教学的束缚，促进学生的主动学习和实践能力的提升，提高教育质量。项目式学习是一种创新的教育模式，能够促进教育理念和教育方式的变革。项目式学习可以逐步改变传统教育的僵化和单一性，促进教育的多样化和个性化发展，推动中国教育朝着更加现代化、多样化和个性化的方向发展，具体表现在以下几方面。第一，促进学生综合素养的全面提升。项目式学习注重对学生实践能力、创新能力和团队合作能力的培养，能够全面提升学生的综合素养。通过项目式学习，学生能够在解决实际问题的过程中，运用各种学科知识和技能，增强批判思维，提高自主学习和解决问题的能力，从而为其未来的学习、工作和生活打下坚实的基础。第二，推动教育教学模式的创新与改革。深化教育教学改革，提高教育质量，需要改变传统的教学模式，开展研究性项目式、合作式学习等。而项目式学习以学生为中心，强调学生的自主学习和合作探究，能够激发学生的学习兴趣和动力，培养学生的创新意识和实践能力，推动教育教学模式的创新与改革，促进教育高质量发展。第三，促进跨学科融合与综合素质教育的实施。项目式学习强调跨学科融合和实践应用，能够帮助学生更好地理解学科之

[1] 王烽：《拔尖创新人才培养呼唤基础教育系统性变革》，载《中小学管理》，2023（12）。

间的联系，培养学生的综合素质和跨学科能力。通过参与不同领域的项目活动，学生可以在实践中运用各种学科知识和技能，提高综合素质和综合能力，为其未来的发展奠定坚实的基础。第四，促进教育资源的优化配置和高效利用。项目式学习强调学生参与和实践，需要学校和教师提供更多的教育资源和支持。通过项目式学习，学校和教师可以更好地发挥资源优势，为学生提供更多的实践机会和学习支持，实现教育资源的优化配置和高效利用，为教育高质量发展提供保障。

（三）顺应基础教育新一轮课程改革

2022 年 4 月，我国教育部正式发布《义务教育课程方案（2022 年版）》及各学科课程标准。新一轮课程改革的创新点体现在两大方面：一是坚持聚焦核心素养，面向未来。依据学生终身发展和社会发展需要，明确育人主线，加强正确价值观引导，重视必备品格和关键能力培育。精选课程内容，注重培养学生的爱国情怀、社会责任感、创新精神和实践能力，奠基未来。二是变革育人方式，突出实践。加强课程与生产劳动、社会实践的结合，充分发挥实践的独特育人功能。突出学科思想方法和探究方式的学习，加强知行合一、学思结合，倡导“做中学”“用中学”“创中学”。项目式学习的理念完全契合上述变化：聚焦核心素养和变革育人方式。核心素养导向的新课程标准对教育目标、课程教学内容与方式及教育评价产生了深远影响，引发了对学科素养、跨学科学习、项目式学习、学科实践等概念的大讨论。项目式学习有助于推进基础教育新一轮课程改革。

第一，贯彻新课程理念。基于项目式学习的学校课程体系建设应贯彻新课程理念，强调以学生为中心，注重培养学生的核心素养和综合能力。课程设计应突破传统的知识传授模式，注重培养学生的创新精神、实践能力和解决问题的能力。第二，优化课程结构。基于项目式学习的学校课程体系建设应优化课程结构，合理设置各类课程，确保学科课程和综合实践活动的有机结合。课程设置应符合学生的发展需要和学科发展趋势，注重学科知识的系统性和连续性。第三，提升课程质量。基于项目式学习的学校课程体系建设应注重提升课程质量，优化教学内容和教学方法，提高教学效果，丰富学习体验。课程内容应贴近学生的生活和实际需求，注重培养学生的实践能力和创新精神。第四，强化跨学科融合。基于项目式学习的学校课程体系建设应强化跨学科融合，促进不同学科之间的交叉与融合。跨学科课程设计和跨学科项目活动的开展可以帮助学生理解学科之间的关联和互动，培养学生的综合素养和跨学科能力。第五，优化课程评价。基于项目式学习的学校课程体系建设应实施科学的课程评价机制，及时反馈课程实施效果和学生学习情况，为课程优化和改进提供依据。项目式学习理念下的课程评价应注重对学生综合能力和核心素养的考核，引导学生全面发展和个性成长。

（四）帮助儿童青少年适应未来社会需求

随着科技的发展和社会的变革，未来社会对人才的需求也在发生变化，要求人才具备更多的综合能力和创新能力。在快速变化的社会和经济环境中，项目式学习能够培养学生的综合能力和创新能力，为他们成为终身学习者和适应未来社会的创新者打下基础，有助于学生更好地适应未来社会的发展需求。第一，有助于培养创新思维和解决问题的能力。未来社会对人才的需求越来越强调创新能力和问题解决能力。项目式学习通过让儿童青少年参与真实世界的项目活动，培养他们的探究精神和实践能力，激发他们的创新思维和解决问题的能力，为他们未来面对各种挑战和问题提供了重要的能力支持。第二，有助于促进跨学科综合素养的发展。未来社会对人才的需求不再局限于单一学科知识，而是更强调跨学科综合素养和综合能力。项目式学习涉及多个学科领域，要求儿童青少年整合各种知识和技能来解决实际问题，有助于培养他们的跨学科综合素养，提高他们的综合能力和创新能力。第三，有助于培养团队合作和沟通能力。未来社会强调团队合作和协作能力的重要性。项目式学习要求儿童青少年与同伴合作，共同解决问题，这有助于培养他们的团队合作和沟通能力，提高他们的团队协作能力和社会交往能力，为他们未来在团队工作和社会交往中更好地融入提供了重要支持。第四，有助于培养自主学习和持续学习的能力。未来社会的知识更新速度快，要求人们具备自主学习和持续学习的能力。项目式学习注重学生的主动探索和实践，培养他们的自主学习能力和学习动力，激发他们的学习兴趣和自我驱动力，为他们未来不断学习和适应社会变化提供了重要保障。第五，培养适应变化和应对挑战的能力。未来社会变化快速，充满各种挑战和机遇。项目式学习让儿童青少年在实践中面对各种问题和挑战，培养他们的适应变化和应对挑战的能力，提高他们的应变能力和抗压能力，为他们未来成功应对各种挑战和变化提供了重要支持。

二、项目式学习的理论基础[1]

项目式学习作为一种教学活动和学习方式，融合了多种教育理论和实践，旨在通过真实的、有意义的问题情境，促进学生的自我学习和认知发展。与项目式学习高度相关的理论基础包括实用主义教育理论、建构主义学习理论、情境学习理论。

（一）实用主义教育理论

实用主义教育理论是一种深受实用主义哲学影响的教育思想，它起源于 19 世纪末的美国，由教育家杜威（John Dewey）等人倡导和发展。杜威的教育理念强调学习是一个积极的、互动的过程，主张学校教育应与社会生活相联系，并认为教育要促进学生的思维能力的培养。他的这些思想对 20 世纪的教育实践产生了重大影响，并且至今仍被世界各地的教育工作者所推崇和实践。

1. 实用主义教育理论的核心观点

一是教育与生活的结合。实用主义教育理论认为教育的过程和生活的过程是合一的，教育不仅是为将来的生活做准备，还是孩子当下生活的一部分。

二是个人经验的增长。教育的目的是让学生在真实的情境中增长自己的经验。这种经验的增长过程被视为个人成长的关键部分。

三是学校课程的设计。学校的课程应该以学生的经验为中心，摒弃传统的以学科为中心的课程体系，更加注重学生的实际体验和参与。

四是师生关系的转变。在教学过程中，教师不再是知识的单向传递者，而是成为学生成长的帮助者和引导者，学生则被置于教育教学的中心地位。

[1] 桑国元、叶碧欣、王翔：《项目式学习：教师手册》，32～46 页，北京，北京师范大学出版社，2023。

五是儿童创造力的培养。鼓励儿童在学习过程中独立思考和探索，发挥他们的创造性和主动性。

实用主义教育理论强调教育与生活的紧密结合，以及个人经验的不断丰富和成长，这些观点对现代教育实践有着重要的启示意义。实用主义教育理论在20世纪二三十年代对中国教育产生了显著影响，推动了中国教育的现代化进程。

2. 设计教学法

美国教育家克伯屈（William H. Kilpatrick）依据杜威的实用主义教育理论创设了一种新型教学组织形式，即“设计教学法”（Project Method）。他于1918年9月在《哥伦比亚大学师范学院学报》上发表了《设计教学法：在教育过程中有目的的活动的应用》一文并指出：“我采用‘设计’这个术语，就是专为表明有目的的行动，并且特别注重‘目的’这个名词。”[1]

克伯屈认为“设计教学”旨在激发儿童身上最好的东西，从而尽可能放手让他们实现自主管理。同时指出，设计教学法应包括以下内容：（1）必须是一个亟待解决的真实问题；（2）必须是有目的、有意义的单元活动；（3）必须由学生主导计划和实施；（4）必须是一个有始有终、可以增长学生经验、使学生通过设计获得积极发展和良好生长的活动。克伯屈的设计教学法强调学生相互合作，每个人都在活动过程中承担相应的任务，需要完成自己的部分，才能达成共同的项目目标，这些过程也需要教师的参与和指导。设计教学法的流程如下。[2]

第一步，明确目的。克伯屈认为，教学过程中，明确教学目的十分重要。设计教学法的首要任务就是明确教学目的。学生有了明确的学习目的才会产生强烈的学习愿望、学习动机与兴趣。目的的设计最好依据学生的兴趣经验，由教师和学生共同参与确定，有学生参与并认同的目的会使学生产生持久的内部动机，从而有助于目的的实现。教师在此过程中需要指导学生进行目的选择并引导其确定科学合理的学习目标。

第二步，制订计划。制订计划是设计教学法中最为重要，也是最为困难的环节。计

[1] 单中惠：《现代教育的探索——杜威与实用主义教育思想》，239页，北京，人民教育出版社，2002。

[2] ［美］威廉·H.克伯屈：《教学方法原理——教育漫谈》，王建新译，346页，北京，人民教育出版社，1991。

划的制订主要依赖学生自身完成，教师只是在制订计划的过程中给予建议和意见，而不能代替学生做计划。这个过程主要是为了培养学生独立计划工作的意识和能力，具体任务包括工作的时间、人员的分配、具体材料的选择、实施的详细步骤与具体方法等，教师的参与和指导贯穿其中。

第三步，实施计划。计划实施的过程就是“想象变现”的过程，这一步需要学生将“脑中想的”“纸上写的”变为“手中做的”，这是设计教学法中最为丰富多彩的环节，也是学生最感兴趣的环节。在学生出现各种原因导致的实际做法偏离原定目标的行为与做法时，教师的存在就显得尤为重要。教师需要在计划实施中通过暗示、鼓励和提建议的方式引导学生重申原定目标，采取正确的方式，克服困难，进而完成任务。

第四步，评价结果。结果评价的标准与方法一般由教师制定，学生之间开展评价。评价的内容主要包括：整个计划实施过程是否按照原定计划进行？原定学习目标是否实现？你从设计活动中获得了什么？制订的计划与实施方案有什么优点与缺点？

3. 实用主义教育理论与项目式学习

实用主义教育理论与项目式学习之间存在着紧密的联系，二者都强调教育的实用性和学生中心的教育模式。实用主义教育理论为项目式学习提供了理论基础，而项目式学习则是实用主义教育理论在实际教学中的一种体现。

（1）“做中学”与项目式学习。项目式学习的本质是“做中学”，“做中学”的关键在于通过“做”，实现“学”。“做中学”是使学习的各种要素在“做”中发生作用，“做”是“学”的手段和途径，“学”是“做”的目的和结果。项目式学习的关键在于如何运用学生的“做”促使学生学习的发生，使学生在“做”的过程中获得知识、习得技能，使学生学会怎么做，知晓为什么这样做，依据何种知识原理来做。如果只是简单学会了技能，可能学习还只是停留在低级的模仿阶段。项目本身并不会产生教育教学意义，其价值的挖掘与发挥关键在于能够围绕项目设计出有意义的学习过程。换言之，只有在项目的设计与实施过程中产生丰富的教与学活动，项目式学习才具备完备的教学功能与作用。

（2）五步教学法与项目式学习。不难看出，杜威的五步教学法与项目式学习的几个环节存在高度相似性：从情境、问题出发，提出假设，解决问题。项目式学习是以真实的或模拟的情境问题为出发点，让学生利用校内外的各种资源及自身的经验，通过“做中学”，完成探究任务，获得知识与技能。项目式学习强调现实，强调活动，与杜威的实用主义教育理论是一致的。需要指出的是，杜威的五步教学法和项目式学习的环节，并非必须在一节课之内完成。在实践中，有不少教师在一节课内盲目追求五步教学法，过于教条，不值得提倡。

（3）学生兴趣与项目式学习。兴趣是一种心理定势，以“刺激 - 反应”为依据。持久不懈的、目前尚未被激发的兴趣意味着具备了一组适当的“刺激 - 反应”联结。当激发了这组联结而一心想做某件事情时，兴趣就处于活跃状态。项目式学习基于学生的学习兴趣，给学生选择自己感兴趣的内容作为研究对象的机会，对于教师而言，这也是挑战性比较大的，因为学生的兴趣多种多样，对学生感兴趣的程度及持续性的判断非常重要。兴趣能够保持学生积极和谐的状态，也能保证学生对项目式学习的专注程度与努力期望。因此，教学的过程应该首先激发学生的兴趣，教学活动的设计应适合学生的能力，从学生的兴趣出发并始终满足学生的兴趣，最终超越学生当前的发展水平。

（4）教师职责与项目式学习。在项目式学习中，教师的职责有三点。一是给予学生适当的自由。在项目式学习中，教师需要放权给学生，让学生有一定的选择权、决策权与自主权，但是这种权利不是无限度的。二是协助学生确立学习目标。协助学生明确目标并热衷于自己所做的事情，明确的目标能使学生提升成功体验感、任务满意度，降低烦躁感，进而达成自我实现。三是给予学生及时指导。在制订计划、实施计划、开展评价过程中，教师作为指导者、引导者贯穿始终。学生是发展中的人，思考问题的能力不够全面、成熟，尚需来自成人世界的指导和建议，教师便是沟通学生与成人世界的关键桥梁。

（二）建构主义学习理论

建构主义是认知主义的一支，盛行于 20 世纪 50 年代，以皮亚杰（J. Piaget）的个人建构主义和维果茨基（L. Vygotsky）的社会建构主义为代表。建构主义是行为主义转向认知主义的飞跃，在 20 世纪 90 年代逐渐发展成为一种新型的、独立的教育理论，对教育过程中的知识与学习作出新的阐释。建构主义是一种关于知识和学习的理论，强调学习者的主动性，认为学习是学习者基于原有的知识经验生成意义、建构意义的过程，而这一过程常常是在社会文化互动中完成的。建构主义对教学设计具有重要指导价值。[1]

1. 建构主义的代表人物

建构主义的最早提出者可追溯至瑞士的皮亚杰。他是认知发展领域最有影响的一位心理学家，他所创立的关于儿童认知发展的学派被人们称为“日内瓦学派”。皮亚杰关于建构主义的基本观点是，儿童是在与周围环境相互作用的过程中，逐步建构起关于外部世界的知识的，从而使自身认知结构得到发展。而儿童与环境的相互作用涉及两个基本过程，即“同化”与“顺应”。[2] 同化是指个体把外界刺激所提供的信息整合到自己原有认知结构内的过程，顺应是指个体的认知结构因外部刺激的影响而发生改变的过程。简言之，同化是认知结构数量的扩充，而顺应则是认知结构性质的改变。认知个体通过同化与顺应两种形式来达到与周围环境的平衡：当儿童能用现有图式去同化新信息时，他处于一种平衡的认知状态；而当现有图式不能同化新信息时，平衡即被破坏，而修改或创造新图式（顺应）的过程就是寻找新的平衡的过程。儿童的认知结构就是通过同化与顺应过程逐步建构起来，并在“平衡—不平衡—新的平衡—新的不平衡”的循环中不断得到丰富、提高和发展的。

维果茨基，苏联心理学家，社会文化历史学派创始人。他认为只有在儿童所经历的历史和文化背景下来理解儿童的发展才有意义。维果茨基对学习理论的最大贡献是提出了“最近发展区”这一概念。维果茨基认为，学生的发展水平有两种：一种是学生在其独立活动时便能达到的水平，称之为“现实发展水平”；另一种则是“儿童尚不能独立完成任务，但在成人的帮助下，在集体活动中通过模仿和学习才能达到的水平”，称之为“潜在发展水平”。而现实发展水平与潜在发展水平之间的差距就是最近发展区。[3] 教学的黄金切入点正是个体的最近发展区，这要求教师基于最近发展区，为学生提供带有挑战性的学习内容，充分挖掘其潜能，调动其学习积极性，使之超越最近发展区达到下一个发展阶段，从而把儿童的潜在发展水平变成现实发展水平，同时不断创造新的最近

[1] 李维东：《皮亚杰的建构主义认知理论》，载《中国教育技术装备》，2009（6）。
[2] 俞晓琳：《略论皮亚杰理论对科学教育的启示》，载《教育研究》，1997（1）。
[3] 黄都、李佳：《基于“最近发展区”的教与学——理解、应用、发展维果斯基的观点》，载《江西教育科研》，2006（9）。

发展区。

2. 建构主义的主要观点

建构主义认为，学习者的知识是在一定社会情境下，借助他人的帮助，如人与人之间的协作、互动，通过意义建构而获得的。[1] 因此，建构主义强调，理想的学习环境应当包括“情境”“协作”“对话”“意义建构”四个部分。

（1）情境。学习环境中的情境必须有利于学习者对所学内容的意义建构。因此，教学设计需要考虑有利于学生建构意义的情境创设问题，并将情境创设视为教学设计的重要内容之一。

（2）协作。协作可以使原本各自为营的学生从竞争关系转向群策群力的合作关系，有利于学生之间共同进步、共同发展。协作应贯穿整个学习活动过程。师生之间、生生之间、师生与社会环境之间的协作，对学习资料的搜集与分析、假设的提出与验证、学习过程的监控与反馈、学习结果的评价与反思、知识意义的建构与生成都有十分重要的作用。

（3）对话。对话是协作过程中最基本的方式或环节。例如，学习小组成员之间必须通过对话来商讨如何完成规定的学习任务以达到意义建构的目标，怎样更多地获得教师或他人的指导和帮助等。其实，协作学习的过程就是对话的过程，在这个过程中，每个学习者的想法都被整个学习群体共享。对话是达到意义建构和推进学习进程的重要手段之一。

（4）意义建构。意义建构旨在对事物的性质、规律及事物之间的内在联系进行建构，是教学过程的最终目标。在学习过程中帮助学生建构意义就是要帮助学生对学习内容所反映的事物的性质、规律及事物之间的内在联系达到较为深刻的理解。[2] 学生习得知识的“质量”，取决于学习者根据自身经验去建构有关知识意义的能力，而不取决于学习者记忆和背诵教师所讲授的内容的能力。

3. 建构主义学习理论与项目式学习

建构主义学习理论不仅能够成为项目式学习的理论基础，而且它们的结合有助于推

[1] 王沛、康廷虎：《建构主义学习理论述评》，载《教师教育研究》，2004（5）。
[2] 钟志贤：《建构主义学习理论与教学设计》，载《电化教育研究》，2006（5）。

动教育实践的发展，促进学生的深度学习和综合素养的提升。

（1）最近发展区与项目式学习。项目式学习目标的设定应指向学生的最近发展区，任务难度应适中。过于简单的项目任务，容易浪费学生的学习时间；过于复杂的学习任务，容易使学生产生畏难情绪甚至放弃参与项目活动。只有符合最近发展区的项目任务，才能调动学生的积极性，发挥其潜能。教学方法、手段也应考虑最近发展区。[1] 在知识掌握的初始阶段，教师需要给予持续、充分的指导，使学生能够理解并掌握完成目标技能所需的动作序列。随着指导的继续，课堂的中心应逐渐由教师向学生转移。教师的讲解、提示和演示逐步减少，学生的操作、思考、合作逐渐增多，直到学生能够熟练掌握该项技能。例如，在布置项目式学习任务时，教师可以通过举例、实地探访等方式，引发学生的心理机能冲突，因势利导回到项目任务本身，从而激发学生的学习兴趣。

（2）支架式教学与项目式学习。支架式教学是基于最近发展区理论提出的一种以学习者为中心、以培养学生的问题解决能力和自主学习能力为目标的教学方法。在教学过程中，支架式教学往往有六个环节，分别是引入、示范、简化任务、维持参与、评价与反馈、控制挫折感。具体程序体现为一步一步地为学生的学习提供适当的、小步调的线索或提示，即支架，使学生通过这些支架一步一步攀升，逐渐发现和解决学习中的问题，掌握所要学习的知识，提高问题解决能力，成长为一个独立的学习者。[2] 这种教学方法完全与项目式学习的操作流程和目标追求相一致。在项目式学习活动中，鼓励、讲解、提示、回馈、演示、点拨、指导等都可以作为学习支架使用。

（3）维果茨基评价观与项目式学习。首先，基于最近发展区理论，教师需要通过对学生的诊断性评价精准定位学生现有的知识水平及学习需求，从而有针对性地选择项目式学习的任务。其次，通过对学生的形成性评价，教师和学生能及时获得反馈信息，从而更好地改进项目式学习的活动过程，提高产品质量，促进学生发展。最后，通过对学生项目成果的评价，学生可以了解自身知识、技能掌握程度，教师可以明确教学目标的实现程度，进而确定学生在后续教学活动中的新起点（新的最近发展区），为学生制定

[1] 傅四保：《建构主义学习理论指导下的项目教学法初探——以“教育技术学研究方法”课程教学为例》，载《中国大学教学》，2011（2）。
[2] 邹艳春：《建构主义学习理论的发展根源与逻辑起点》，载《外国教育研究》，2002（5）。

新的学习目标提供依据。

项目式学习实质上就是一种基于建构主义学习理论的深度探究性学习模式。建构主义要求学生基于复杂的真实情境，主动去搜集和分析有关的信息资料，对所学的问题提出各种假设并努力加以验证，善于把当前学习内容与自身已有知识经验建立联系。项目式学习与建构主义学习理论均强调学习的建构性，强调应在合作中学习，在不断解决疑难问题的过程中完成对知识的意义建构。项目式学习着力于学生的学，目标指向学生的创新能力、问题意识、合作意识及关注人类发展的意识和责任感的培养。可以说，二者在强调学习的探究性、主体性、交互性、过程性、开放性等方面具有高度相似性。所以，项目式学习在本质上是一种建构性学习。建构性学习符合学习的本质，能促进人的深度学习，进而实现核心素养和学科能力的可持续发展。在项目式学习过程中，学生是项目活动的积极参与者和知识的积极建构者，教师是学生学习的陪伴者和引路人。

（三）情境学习理论

情境学习是由美国加利福尼亚大学伯克利分校的让·莱夫（Jean Lave）教授和独立研究者爱丁纳·温格（Etienne Wenger）提出的一种学习方式。1991 年，莱夫和温格在其代表作《情境学习：合法的边缘性参与》(*Situated Learning: Legitimate Peripheral Participation*）一书中，提出了三个核心概念。一是“实践共同体”，指由从事实际工作的人组成的“圈子”，而新来者将进入这个圈子并试图从中获得这个圈子中的社会文化实践。实践共同体意味着参与一种活动体系，参与者共同分享对他们所做的事情的理解，以及这对于他们的生活和共同体意味着什么。[1] 二是“合法的边缘性参与”，这一术语有三个关键点：所谓“合法”，是指实践共同体中的各方都愿意接受新来的不够资格的人成为共同体中的一员；所谓“边缘”，意味着多元化、多样性，是指学习者开始只能围绕重要的成员转，做一些外围工作，然后随着技能的增长，才被允许做重要的工作，进入圈子的核心；所谓“参与”，即学习，学习者在参与实践活动、与同伴互动的过程中获得建构知识的方法，增强参与实践活动的能力，提高个体社会化水平。三是

[1] 李翠白：《西方情境学习理论的发展与应用反思》，载《电化教育研究》，2006（9）。

“学徒制”，即通过师带徒的方式进行学习。

1. 情境学习理论的教育主张

情境学习理论认为，学习不仅是个体的意义建构过程，还是在真实的环境中，人们共同参与探讨知识经验的过程，强调学习的社会性、互动性、过程性、能动性和情境性，将学习者与情境合二为一视为统一体，最终实现个体与群体的共同成长。通过学习氛围的营造，学习者在情境中互相交换知识经验，最终形成新的知识体系，实现共同进步。可以说，创设学习情境是教师的主要任务之一。知识的意义连同学习者自身的意识与角色都是在学习者和学习情境的互动、学习者与学习者之间的互动过程中生成的，因此学习情境的创设就致力于使学习者的身份和角色意识、完整的生活经验及认知性任务重新回归到真实的、融合的状态，力图解决传统学校学习的去自我、去情境的顽疾。基于情境学习理论的主张，学习的本质就是对话，学习的过程就是广泛的社会协商。

情境学习理论主张现场学习和社会实践学习。学习与认知在本质上是情境性的，知识与活动是不可分离的，无论学什么，都只有围绕促进实践能力的形成、加速个体的社会化进程，才能真正地使个体学有所成，学以致用。[1] 也就是说，你要学习的东西将实际应用在什么情境中，那么你就应该在什么样的情境中学习这些东西，即“在哪里用，就在哪里学”。例如，你要学习做菜，就应该在厨房里学习，因为你以后炒菜就是在厨房里。再如，你要学习讨价还价的技巧，就应该在实际的销售场合学习，因为这一技巧最终是用在销售场合的。为什么要这样学习呢？因为在莱夫和温格看来，学习不能被简单地视为把抽象的、去情境化的知识从一个人传递给另外一个人；学习是一个社会性的过程，知识在这个过程中是由大家共同建构的；这样的学习总是处于一个特定的情境中，渗透在特定的社会和自然环境中。显然，情境学习理论强调两条学习原理：第一，在知识实际应用的真实情境中呈现知识，把学与用结合起来，让学习者像专家、“师傅”一样进行思考和实践；第二，通过社会性互动和协作来进行学习。

2. 情境学习理论与项目式学习

情境学习理论的倡导者试图提出一种新的学习方式——参与社会实践，在应用情境

[1] ［美］J. 莱夫、E. 温格：《情境学习：合法的边缘性参与》，王文静译，35 页，上海，华东师范大学出版社，2004。

中学习知识技能。项目式学习就是让学生在真实的或模拟的工作情境中通过多种方式参与工作过程，通过与同伴、教师、家长、专家的对话与协作，完成典型的工作任务，从而逐步从新手成长为理论联系实际的专家，这与情境学习理论是一致的。在情境学习理论看来，学生是积极的探究者，教师的作用是创设一种学生能够积极探究的情境，而不是提供现成的知识。

（1）重视知识、技能的迁移。情境学习理论强调设计一个符合学习目标的情境，从而使学生能够整合运用知识和认知技能。学生在情境实践中不仅可以学习他们需要的基本技能，还可以学习何时应用及如何应用这些技能。例如，学生在学习一项技能时，根据教材中的步骤，一步步操作，记诵一些无意义、无情境性的内容，最终无法达到深层次理解，更不容易将学到的经验应用到新情境中。而在项目式学习中，教师注重提供有意义的情境活动，鼓励学生参与如概念理解、解决实际问题等的技能运用过程。项目式学习通过多元活动，促使学生举一反三，把学习到的经验广泛地运用到更多的情境中，获得更深入、更广泛的理解。

（2）注重知识技能习得的情境性。情境学习理论的核心主张认为，必须在一定的情境中学习知识，致力于将课程与现实生活融合，力图解决传统教育教学去情境化的顽疾。项目式学习思想与情境学习理论的观点高度契合。项目式学习旨在突破传统“传输－获得”这一教学模式，将学科内容的习得和工作、生活问题的项目化、情境化解决结合起来，鼓励学生多角度思考，为有意义的真实问题寻求独特的解决方案，从而真正体会知识的价值与意义。

（3）协作学习。情境学习理论高度重视协作在学习中的作用。学习离不开互动。学习者分享理解、争论概念、评价问题等社会性互动现象和过程，对全体学生的进步有重大贡献。[1] 项目式学习注重项目筹备、执行和总结过程中群体思想的碰撞，鼓励协作、分享。项目式学习实质是一个生生合作、组组交流及师生互动的学习过程，可以更好地培养学生的交际能力、团队精神和合作意识。

[1] 胡航、任友群：《合法的边缘性参与下的M-learning共同体》，载《中国电化教育》，2006(9)。

三、项目式学习的“三六”标准[1]

（一）项目式学习设计六要素

高质量的项目式学习设计应使学生认识到项目活动的意义与重要性，从而产生学习动机与兴趣。此外，项目式学习还从传统教学关注即时效果与单一内容转向关注学生全人发展，需要教师纵贯整个单元、整个学期或学段进行项目的整体设计。本书基于课程发展的设计原则，构建项目式学习设计的六要素标准，包括问题驱动、持续探究、学生参与、学科融合、产品导向与评价引领，引导教师设计项目式学习内容结构。

1. 设计要素一：问题驱动

作为项目式学习设计的关键支撑，在组织活动和评价环节，驱动问题具有“灯塔”作用。高质量的驱动问题指向学科本质，以清晰具体的语言表达核心任务，兼具开放性、可持续性与迁移的可能性，从而激活学生的高阶思维，让学生有方向感和挑战感。为此，教师需要把握学科核心素养，对学科知识体系有深刻和系统的认识；通过设计高质量的驱动问题，让学生沉浸于完成项目的过程，并自觉实现对概念的理解和跨越情境的迁移，最终形成核心素养。

2. 设计要素二：持续探究

项目式学习在本质上属于深度且持续的探究活动。杜威将探究划分为“常识探究”与“科学探究”两种类型。前者体现行动逻辑，如对日常生活现象的观察、生活工具的制造等；后者体现思辨逻辑，即超越日常经验，以符号系统认识世界。一般而言，常识探究在儿童身上表现较早，通过它所形成的智力习惯则是科学探究的基础。[2] 项目式学习的探究遵循一条项目主线，即驱动问题开始—获取资源—测试想法—发现答案—得出结论。事实上，任何“问题情境”都无法离开探究学习。这种持续、真实、深入的探究，往往能引发创新，如催生一个驱动问题的新答案、一个新产品或者一个问题的独立解决方案。

3. 设计要素三：学生参与

项目式学习的最大特点之一，是倾听学生的声音。具备行为主义或教师中心主义

[1] 桑国元、叶碧欣、黄嘉莉等：《构建指向中国学生发展核心素养的项目式学习标准模型》，载《中国远程教育》，2023（6）。
[2] 邹红军、柳海民：《杜威的“探究认识论”与探究学习》，载《全球教育展望》，2018（5）。

理念的人往往认为，教学设计是教师的事情，不需要学生参与。然而，这种观点在项目式学习的教学设计中并不适用。如果所有的学习设计都是由教师完成的，那么这种学习在本质上仍然是一种“以教师为中心”的学习。在以学习者为中心的课程教学创新实践中，项目式学习需要学生主动进入项目，并对自己的学习负起责任，如自己决定怎么做计划，如何去探究，时间如何分配，如何解决各种问题，成果如何展示和分享等。

4. 设计要素四：学科融合

项目式学习强调学习的“跨学科性”，即将各种学科特定知识导入公共项目或解决方案中，尽管每个学科融入产品的程度有所不同，但产品的各个要素之间会相互调整。如今，现实生活中的许多问题不再以传统单一学科形式出现，而正在向着多维领域发展。单一的学科认知虽然会带来垂直向上的专业发展，但也在一定程度上阻碍了学习者灵活运用知识与多学科整合的可能。项目式学习旨在建立起学科与生活的内在联系，并通过跨学科的协作助推学生的知识整合。

5. 设计要素五：产品导向

产品是展现真实学习的载体，设计面向公众（如同学、教师、家长、专家、社区人员、企业人士和政府职员等）的产品展示，有利于激发学生的学习效能和学习投入，形成有效学习的良性循环。项目式学习不等同于做项目，其最终产品应该反映出学习者的价值承载，充分展现学习者的思路。因此，在设计项目式学习的产品目标时，教师应该遵循“适度挑战”的原则。首先，产品必须要求学生有所努力和思考才能实现，透过产品能够看出学生对学科内容、概念和技能的掌握，体现知识建构的过程。其次，产品的难度与学生能力相匹配，学生能自主地讲述完成产品的过程，并解释产品设计的原因，避免教师或家长的替代行为。

6. 设计要素六：评价引领

项目式学习评价与当下的教育评价变革理念取向一致，都主张关注学习者学习和解决问题的过程。从规范取向来看，项目式学习评价设计兼顾学习的内容与质量，既关注“学什么”，也关注“学会什么”。项目式学习重视表现性评价，但也不排斥传统的标准化评价。高质量的项目式学习评价设计有助于实现鉴定、改进与激励的评价功能，培养学生直面失败的韧性及坚持不懈的态度。基于威金斯（Grant Wiggins）“追求理解的教学设计”（Understanding by Design，UbD），项目式学习采用“以终为始”的评价理念，通过评价对接学习目标和最终成果。

（二）项目式学习实施六要素

项目式学习的实施体现在项目启动、项目计划、项目执行、项目监控与项目终结等环节中。基于课程发展的实施原则，以教师在开展项目式学习中的角色为基础，发展项目式学习的实施六要素模型，包括聚焦课标、建构文化、项目管理、搭建支架、评估学习和复盘反思，让教师更容易理解并实施项目式学习。

1. 实施要素一：聚焦课标

课程标准在宏观上反映出国家对学生学习过程基本规范与学习结果的真实期望，在微观上界定了学生个体在经过特定时间段的学习之后应该知道什么和能做什么。总体而言，课程标准体现的是社会对学生学业质量的要求，并呈现出从关注知识技能转向关注核心素养的发展趋势。[1] 在新课标的背景下，教师在实施项目式学习时应思考以下问题。首先，如何将课程标准中的知识学习转变为做事情、做项目的学习，从而体现“做中学”？其次，如何在项目式学习中培养学生的价值判断、公共关怀的态度、习惯和能力？再次，如何引导学生将浅表学习转变为指向意义建构、成就体验、自我实现的深度学习？最后，如何通过项目式学习实现从现实问题到学科问题的水平学科化及从学科问题到学科知识概念、应用与发展的垂直科学化？

2. 实施要素二：建构文化

课堂教学文化是一种“隐形课程”，对学生核心素养具有先导性和全方位的影响。项目式学习的课堂教学文化体现在规则、制度与空间环境中，与之相对的是三种文化建构策略。第一，教师分享课堂共有的核心价值观和信念并适当赋权，如合作的文化、相信的文化、反馈的文化等。第二，教师引导学生共同制定项目式学习公约，能够让学生感受到在学习管理中的发言权，提升主人翁意识，同时，也能够变革传统课堂的权力分配，让课堂变得更加民主。第三，教师与学生一起布置学习空间，如确定桌椅的摆放方

[1] 邵朝友、杨宇凡、胡晓敏：《指向学科核心素养的单元设计：建构一致性的视角》，载《全球教育展望》，2021（8）。

式和获取网络资源的时空等，以便更好地支持协作学习的展开。此外，教师可为正在进行的项目专门开辟公告栏或项目角作为临时空间，以展示项目小组公约、项目进程安排、项目产品等。

3. 实施要素三：项目管理

项目式学习的实施通常需要经历较长的时间，且涉及多方主体的协作，因此，管理对于项目实施而言是必不可少的。项目管理贯穿整个项目周期，包括综合管理、范围管理、时间管理、成本管理、质量管理、人力资源管理、沟通管理、风险管理及采购管理等。为了保证学生的协作与项目进度，实现学习效果的最大化，教师需要在项目管理中合理安排课堂中的团队工作时间、小组合作时间和个体工作时间；基于项目情况和学生需求，合理分组，赋予学生适当角色与发言权和选择权；使用项目管理工具（如小组日历、团队公约、学习日志等），支持学生的自我管理和协作学习；始终遵循课堂规则和学习公约；设定进程表和截止日期，并灵活遵循。

4. 实施要素四：搭建支架

项目式学习的过程就像是在“登山”，为了使每位“登山者”有个性化的体验，教师可以提供“景点介绍”“路线图”“登山工具”，帮助学生根据自己的喜好和能力选择合适的路线和工具。其中，景点介绍、路线图和登山工具可以对应项目式学习支架的三种表现形式：范例支架、内容支架与方法支架。项目式学习中的自主学习和问题解决过程容易消耗学生的认知资源，教师为学生的“学”搭建“支架”，其作用在于减轻学生的认知负荷，使学生能够通过同化和调整来达成新知识的平衡，构建新的知识和经验，迈向更高阶的学习。随着项目的推进和迭代，学生具备自己获取成功的自信和能力时，教师就可以逐步移除支架，或者搭建更高级别的支架。近年来，也有越来越多的学者提出通过在线学习与信息技术，实现复杂项目的协同与迭代。[1]

5. 实施要素五：评估学习

项目式学习非常注重综合性评估（包括形成性评价和终结性评价）对于推进学生学习和发展的价值。教师需要具备评估能力，对学生的学习进行合理的评价。为了更好地

[1] 熊邦忠、张希明：《O2O迭代式项目学习的设计与应用——基于首要教学原理视角》，载《中国远程教育》，2020（4）。

实现评价的引领目的，教师需要在项目启动阶段清楚地公布评价的标准、内容、方式、里程碑任务和截止时间等。在实施项目式学习评价的过程中，教师要充分关注评价目标、评价时机、评价主体，在个人和小组、自评和他评、学科知识和核心素养的评价之间寻找平衡点。同时，教师应注重收集项目成果及其他证据，采用批评性反馈的结构化工具，获取学生的有效反馈，以支持教学决策。

6. 实施要素六：复盘反思

《论语·学而》记载，曾子曰："吾日三省吾身：为人谋而不忠乎？与朋友交而不信乎？传不习乎？"这也启示我们，在项目式学习的过程中，需要不断对行动进行复盘和反思。项目式学习中的复盘贯穿整个项目过程，而不局限于项目终结时刻，教师可以根据发展阶段对相关步骤进行复盘反思，如每日学习复盘、项目任务阶段性复盘、项目完成后全面复盘等。对于学生而言，反思本身就是学习能力的一种体现，学生通过反思自己在项目式学习中的行为表现，再次内化基础知识，促进知识网络的系统整合。

（三）项目式学习评价六要素

基于课程发展的评价原则，评价标准可以帮助教师自我评价项目式学习的整体质量。在当前"为素养而教"的教育政策视角下，项目式学习应具备以下六个评价要素。

1. 评价要素一：知识度

素养是知识情境性和实践性的表达，学生通过在复杂情境和问题解决中应用知识，实现化知识为素养的目的。[1] 核心素养的培育无法脱离知识学习，项目式学习亦是如此。项目式学习关注知识习得的"意义"原则：一是知识的实践性与情境性，学生能够考虑解决现实生活中的问题所需要的一种或多种学科知识；二是知识的价值性，学生能够体会接受教育在于能拥有美好的生活，教育本身就是目的。若要达到项目式学习的知识度标准，教师需要以系统化、结构化的思维模式研究教材，准确定位每个单元知识点，识别与项目式学习有关的课程内容。与传统的知识学习方式不同，项目式学习中的知识习

[1] 张良、王克志：《知识与素养究竟是什么关系——实体性与生成性之间必要的张力》，载《课程·教材·教法》，2020（5）。

得并非脱离情境的反复操练，而是借助真实的任务情境，让学生理解如何通过提取和重组知识来解决问题，并在各种情境中举一反三，实现对概念的深度理解。衡量项目式学习知识度的基本问题包括：基于学习需求，需要匹配哪些课程内容？哪些是良构知识 / 问题（可能只有一个满意的答案 / 解决方案）？哪些是劣构知识 / 问题（可能包含多种答案 / 解决方案）？

2. 评价要素二：真实度

项目式学习的真实度主要体现为“真实任务”“真实问题”“真实情境”。一方面，基于杜威“做中学”理念，项目式学习不局限于学习书本知识，而是在解决真实世界中的复杂问题和形成真实产品的过程中获得知识增长和能力提升。学生沉浸在真实的学习活动中时，可以养成有效的“迁移能力”，如区分信息的可信度、耐心参与长期计划、跨越学科边界、提出创新性解决对策等。另一方面，项目式学习的情境真实度体现在学习者使用的资源、工具、场景上。如此，学生将有更多的机会接触到成年人在现实环境或工作中真正使用的方法、工具、流程、标准等。判断项目式学习真实度的基本标准包括：项目主题是否源于真实生活，是否具有开放性、探究性和可持续性；项目产品是否蕴含真实的社会意义和价值，是否赋予学生不同职业角色解决问题的体验。

3. 评价要素三：实践度

《论语》开篇为“学而时习之，不亦说乎？”，其中的“习”，有实践、实际演练之意[1]。从“学以致用”到“用以致学”，实践取向的教学认识勾勒出了化知识为素养的教学机理。[2]2022 年教育部发布的《义务教育课程方案（2022 年版）》明确指出要加强课程与生产劳动、社会实践的结合，也再次凸显了实践的独特育人功能。项目式学习是一种具有探究性和综合应用性的实践学习，主张学生通过观察、参观、调查、手工制作、服务等形式，学习解决真实世界问题的方法。在项目式学习中，平衡理论学习与实践学习的关系十分必要，教师应在二者之间搭建“支架”桥梁，引导学生运用知识形成解决方案或制作出产品，提升问题解决能力，生成新知识，促进学生核心素养的自然生

[1] 李启谦：《关于“学而时习之”章的解释及其所反映的孔子精神》，载《孔子研究》，1996（4）。
[2] 张良、王克志：《知识与素养究竟是什么关系——实体性与生成性之间必要的张力》，载《课程·教材·教法》，2020（5）。

长。[1] 总之，实践度始终是评价项目式学习的质量的重要标准。衡量项目式学习实践度的基本问题是：项目如何帮助学生提升动手实践能力？通过哪些方法帮助学生实现知识运用于生产生活？

4. 评价要素四：协作度

社会建构学习论主张，学习是学习者根据自己原有的学习经验和知识背景，在与他人的协作、互动中主动建构意义的过程。在项目式学习中，协作是一个关键特质。学生通过师生协作、生生协作，充分利用组织资源，对项目中的关键问题进行讨论、交流、互动，直到更加深刻地理解与掌握学习任务，进而实现共同目标。需要指出的是，合作、互补、争论、妥协是团队协作的常态，也是真实社会中工作团队所面临的真实场景。在组建项目式学习中的学生协作团队时，应综合考虑成员的特长、性格与能力差异，充分发挥协作的价值。评价项目式学习协作度的基本问题包括：学习活动中都有哪些参与主体？不同主体之间是如何协作的？学生是否从协作中获益？

5. 评价要素五：参与度

项目式学习中的参与，不仅体现在学习者的认知和行为层面，更关涉学习者的情感层面，体现出学习者在兴趣、态度、动机、投入与情感等一系列非认知性因素影响下的综合表现。真正的学习参与并非“声音”和“活动”，而是一种走向思维的深度理解、判断、交流与对话。[2] 换言之，高质量项目式学习是通过驱动问题、情境体验、协作互动、支架支持等方式，带领学生参与其中，感知项目的现实意义，并对项目任务充满兴趣和自信。因此，提高学生在项目式学习中的参与度，必须先激活学生以成长、成就、信念、渴望、兴趣为主的内在动机；同时，通过给予认可、鼓励、激励、群体利益等策略，来提升学生学习的外在动机。评价项目式学习参与度的基本问题包括：学生真的希望参加这样的项目式学习吗？他们的迫切程度如何？我们如何激发他们的学习动机以促进他们在整个项目中全身心投入？

---

[1] 崔允漷、张紫红、郭洪瑞：《溯源与解读：学科实践即学习方式变革的新方向》，载《教育研究》，2021（12）。

[2] 程良宏、赵建梅：《教学的文化实践属性：教学要素的视角》，载《南京师大学报（社会科学版）》，2021（1）。

6. 评价要素六：感知度

感知度关注学生在项目式学习过程中对于学习流程、接触的人员及学习环境等方面的体验。项目任务的价值、学习过程中的仪式和环境氛围，都可能对学习者的感知度产生影响。随着教育评价改革的持续深入，以学习体验为中心的过程性评价已成为课程设计与实施的核心。从教学设计到学习体验设计，项目式学习需要更加关注学习者的学习选择权利，在学习方法、学习进度、学习媒介等方面给予更多个性化的支持。评价感知度的标准包括：第一，学生是否从同理心出发，体现“用户”思维，解决真实问题，从而获得成就感；第二，通过参与项目，学生的社会责任感是否有所提升；第三，通过参与入项活动、项目会议、结项活动等，学生是否体验到学习的仪式感；第四，对比传统的学习活动，项目式学习过程中的学习氛围是否更加浓厚从而深受学生喜爱。

从“三六”标准中可以看出，新课程标准提倡的实践、探究、体验、反思、协作、交流等，贯穿项目式学习的始终。尽管项目式学习对于培育学生的核心素养具有重要的价值，但我们也必须清醒地意识到该种学习模式的潜在问题，如设计过程烦琐、耗费时间精力、知识学习相对零散等。[1] 为此，在开展项目式学习时，应坚持因时、因地制宜的原则。“三六”标准在设计与实施项目式学习及理解项目式学习的本质内涵上，能够给当前的教育实践以启示。

随着评价理念的发展，教学、评价与标准的一致性越发受到重视。在“三六”标准中，关于项目式学习的过程有较为细致、深入的阐述，这对于项目式学习的过程评价具有一定的参考价值。对于学校而言，可以根据“三六”标准进一步细化项目式学习质量评估方案和评价体系，并在教师设计项目之前，将相关标准向教师澄清，以实现“以评促教”的目的。此外，在“三六”标准的设计与实施要素中，所提及的学科融合、搭建支架、建构文化等标准，也需要得到学校层面在组织氛围营造、教研资源引入、项目经费等方面的支持。事实上，项目式学习既受制于环境，同时也能在一定程度上对学校生态和班级形态进行改造和形塑。为了实现特定的项目目标，项目式学习需要促进教师群体间的相互合作及相关资源的有效组织与利用，促进学习者通过真实性学习和拓展性表现来掌握内容领域的知识和技能。

[1] 杨明全：《核心素养时代的项目式学习：内涵重塑与价值重建》，载《课程·教材·教法》，2021(2)。

项目式学习的“三六”标准，旨在通过“全面育人”，实现“育全面发展之人”的根本目标。首先，项目式学习注重课程育人，是一种统整课程与教学的育人模式。其次，项目式学习注重实践育人，强调在实践参与中培养学生核心素养、关键能力、必备品格和价值观念的综合生成。再次，项目式学习注重适性育人，关注学生的个性化与差异化发展。相关研究发现，项目式学习对传统学习中处于不同水平的学生可能具有不同的作用，这也意味着教师可以根据“三六”标准，在项目式学习中为不同类型的学生设计有侧重的个性化学习方案。例如，为中等生提供知识性的练习，增加对优等生的驱动问题挑战性与结果呈现难度等，从而真正实现学生在项目式学习中的个性化发展。[1] 当然，我们也应谨慎地将标准直接应用在学生身上，在为学生的发展设定外在标准时，还需考虑学生会获得的各不相同的发展，包括目标、路径、方式、水平等方面的不同，否则，恐怕学生会被动地成为完成任务的工具人，自由的学习空间将不复存在。[2]

[1] 夏雪梅：《在学科中进行项目化学习：学生视角》，载《全球教育展望》，2019（2）。
[2] 柳夕浪：《“综合素质”与“核心素养”——再谈“培养什么样的人”》，载《华东师范大学学报（教育科学版）》，2017（2）。

中篇
小学科学与项目式学习

Z H O N G

P I A N

一、将项目式学习融入小学科学课程的意义

进入 21 世纪，我们正面临着各种社会性和全球性的挑战，学生和教师也正在共同见证科学和技术上的重大突破。当今社会需要的是有科学素养、有科学问题解决能力的公民，来有效应对这些挑战和变化。然而，经济合作与发展组织（Organization for Economic Co-operation and Development，OECD）在研究报告中指出，许多国家的教育体系并未培养出具有这种素养和能力的学生，同时学校讲授的大多为浅层知识，学生并未真正进行深度学习。因此，现实社会的挑战亟待教育方式的深度变革。学者们正在揭示深层次理解的认知结构以及学习管理的原则。比如深度学习，强调学生主动参与、积极建构，强调发展[1]；又如自主学习，强调自我指导、自我监控与自我强化[2]。基于这些原则，许多学习科学家正在开发新型课程，以提高学生的参与度，并帮助他们发展对重要知识的深层次理解。项目式学习就是其中的一种方法。项目式学习通过引导学生在真实的情境中探究和解决问题，培养学生的综合能力和解决实际问题的能力。在项目式学习中，教师通过提出具有挑战性和实践性的问题，激发学生的学习兴趣和动力，引导学生进行自主学习和合作学习，通过团队合作完成项目任务。学生在项目中不仅需要掌握学科知识，而且还需要运用学科知识解决实际问题，培养创新思维、沟通能力、合作精神和解决问题的能力。通过项目式学习，学生能够更好地理解和应用所学知识，提升学习动机和学习成效，培养终身学习的能力。

科学是一门体现科学本质的实践性、综合性基础课程，要求面向全体学生，立足素养发展。《义务教育科学课程标准（2022 年版）》（以下简称《科学课标》）着重提到要以探究实践为主要方式开展教学活动，在学习活动建议中也多次提到开展项目研究来提升学业质量。其实在目前的教育实践中，科学课程往往未能获得应有的重视，教学手段主要依赖于传统的讲授模式。这种单向的教学模式导致学生的参与度普遍不高，缺乏足够的互动和探索。科学课程的实践性质没有得到充分体现，课堂上过分强调对科学知识

[1] 郭华：《深度学习及其意义》，载《课程·教材·教法》，2016（11）。
[2] Broadbent, J., Poon, W.L., “Self-regulated learning strategies & academic achievement in online higher education learning environments: A systematic review”, *The Internet and Higher Education*, 2015（27）, pp.1-13.

的机械记忆与重复。学生往往通过大量习题进行应试训练，这种方式不仅容易使学生学习效率低下，而且难以使学生深入理解和掌握知识。同时，学生运用科学知识解决实际问题的能力明显不足，这表明教学内容与实际应用之间存在脱节。[1] 长此以往，不但学生的学业成绩没有显著提升，而且学生可能产生厌学情绪。因此，科学课程亟待改进教学模式。项目式学习适切于科学课程要求，在科学课程中具有极大价值，能够使学习更加生动和有趣，为学生提供更多实践机会，让他们基于现实生活的真实问题在实际项目中应用所学的科学知识和技能。同时，项目式学习能培养学生的综合能力，时间更长、规模更大，能体现义务教育阶段对学生综合素养的要求。

（一）培养学生科学核心素养

科学课程要培养的学生核心素养，主要是指学生在学习科学课程的过程中，逐步形成的适应个人终身发展和社会发展所需要的正确价值观、必备品格和关键能力，是科学课程育人价值的集中体现，包括科学观念、科学思维、探究实践、态度责任等。[2]科学观念是在理解科学概念、规律、原理的基础上形成的对客观事物的总体认识。科学观念对于小学生来说可能是晦涩难懂的科学名词、难以理解的数据公式，如果单纯以讲授的形式呈现或者让孩子们死记硬背，会让他们感到无趣甚至痛苦。项目式学习从孩子们现实生活中所遇到的关于科学观念的真实问题出发，以自主探索的形式让他们对一个概念、规律和原理进行深入探究，加深对事物的理解，形成科学观念。科学思维是从科学的视角对客观事物的本质属性、内在规律及相互关系的认识方式，主要包括模型建构、推理论证、创新思维等。项目式学习以经验事实为基础，在分阶段的驱动问题解决过程中，运用各种思维方式从不同角度解释现象，有助于培养学生的科学思维。探究实践主要指在了解和探索自然、获得科学知识、解决科学问题，以及技术与工程实践过程中，形成的科学探究能力、技术与工程实践能力和自主学习能力。项目式学习具有科学课程要求的探究性质，其流程具体为提出科学问题、制订研究计划、收集并分析证据、动手

[1] 刘晓卉：《基于项目式学习的小学科学教学设计与实践研究》，硕士学位论文，广西师范大学，2020。

[2] 中华人民共和国教育部：《义务教育科学课程标准（2022 年版）》，4 页，北京，北京师范大学出版社，2022。

制作产品、准确表达观点、反思研究过程与结果、根据实际结果进行修正迭代。在这一过程中，学生始终保持其主体地位，开展自主学习。项目式学习也具有科学课程要求的应用性质。科学课程强调将科学知识应用到实际生活和问题解决中。项目式学习提供了一个实践性强、应用性广的学习平台，让学生在解决真实问题的过程中应用科学知识和技能。通过项目实践，学生可以培养解决实际问题的能力，了解科学观念的实际意义。态度责任是在认识科学本质及规律，理解科学、技术、社会、环境之间关系的基础上，逐渐形成的科学态度与社会责任。科学态度包括严谨求实、乐于分享、追求创新等，社会责任包括珍爱生命、热爱自然、对与科学技术相关的社会热点问题作出正确的价值判断等。项目式学习在选定主题的过程中主要关注公共环境中的问题和现象，能够在合作与改进中培养学生的科学态度和社会责任感。

（二）促进学生跨学科概念建构

《科学课标》中要求“基于课程标准，围绕学科核心概念和跨学科概念，理解教材设计，关注知识间的内在关联，促进知识的结构化，改变碎片化、割裂式的教学倾向”。跨学科概念作为科学教育领域的重要组成部分，是指在多个学科中都具有解释力和关联性的核心概念。这些概念不仅是单个学科的核心知识，而且还在多个学科中反复出现并提供解释力，具有高度的归纳性和抽象性。[1] 项目式学习作为一种以学生为中心，通过解决真实问题来进行的跨学科学习模式，能够打破学科壁垒，将不同学科的知识、概念和技能进行融合，从而促进跨学科概念的深度建构。在项目式学习中，学生通过实践探究、合作学习和持续的项目开发，解决复杂的现实问题，在这一过程中不仅需要理解各学科的核心概念，而且还需要运用跨学科的逻辑思维和方法进行综合分析。教师在科学项目式学习中可以设计涉及科学课程以及其他学科知识的综合项目，让学生在解决包含多个学科知识和技能的综合性、真实性问题的过程中，将科学课程的知识与数学、语文、艺术等其他学科的知识和技能相结合。这种综合学习的方式超越了传统教学中的“碎片化”知识点学习，能够帮助学生形成全面的知识结构和思维方式，促使学生在解决问题的过程中自主建构系统化、结构化的知识体系，提高他们解决复杂问题的能力，推进跨学科概念建构。

[1] 王愉鑫:《基于项目式学习的科学教育领域跨学科概念建构》，载《北京教育学院学报》，2023(5)。

（三）提升学生学业质量

学业质量是学生在完成课程阶段性学习后的学业成就表现；学业质量标准是以核心素养为主要维度，结合课程内容，对学生学业成就具体表现特征的整体刻画。[1]《科学课标》中对学业质量标准做了阶段性描述。要测评并提升学业质量，就要构建素养导向的综合评价体系，改进结果评价，重视正确价值观、必备品格和关键能力的考查。强化过程评价，重视“教—学—评”一体化，关注学生在探究和实践过程中的真实表现与思维活动。探索增值评价，发挥评价的诊断功能、激励作用和促进作用，关注个体差异，改进学习过程。项目式学习重视对学生的综合评价，能够确保科学课程的实施质量，促进学生科学素养的发展。关于评价主体，项目式学习评价不仅由教师完成，而且还包括学生自评、生生互评、专家评价，甚至是家长和社区成员参与的评价。多元评价主体的参与有助于全面了解学生的学习情况，同时也提高了评价的公正性和透明度。关于评价方式，项目式学习通过量化评价与质性评价、过程性评价与终结性评价、软件评价等方式[2]，更全面地记录和反映学生在项目式学习过程中的努力和进步，促进每个学生的个性化发展。关于评价维度，项目式学习评价的主要内容涵盖学生的学科知识、能力、态度和多种核心素养。将学生的学习成果与课程标准以及涉及的学科核心素养进行对比，以此来评价学生是否在项目式学习的过程中实现了学科知识学习和素养提升，达到了课程标准的要求。另外，项目式学习评价也能够帮助教师及时调整教学策略或为学生提供支架，确保教学活动更贴近学生的实际需求和兴趣点，从而提高教学效果，达到以评促学、以评促教的目标要求。

二、小学科学项目式学习的设计

优质的项目式学习设计，应当能够激发学生对项目活动价值和重要性的深刻理

[1] 中华人民共和国教育部：《义务教育科学课程标准（2022 年版）》，112 页，北京，北京师范大学出版社，2022。
[2] 桑国元、蔡添：《项目式学习中的学生评价》，载《教学与管理》，2021（31）。

解，进而点燃他们的学习热情与兴趣。此外，项目式学习超越了传统教学对短期成效和单一知识点的聚焦，转而着眼于学生的全面发展。这要求教师在规划时，必须从宏观角度出发，贯穿整个单元、学期乃至学段，以全局视角进行项目的系统设计。小学科学项目式学习的设计思路需要遵循小学生的认知和成长规律，遵循科学本质观。小学科学项目式学习的设计流程具体为选择项目主题—确立学习目标—拟定驱动问题—设计实施方案—设计评价方案。[1]

（一）小学科学项目式学习的设计思路

1. 遵循小学生认知和成长规律

小学科学项目式学习的设计需要充分考虑小学生的年龄特点、成长规律与认知规律。由于科学课程的学习周期比较长，《科学课标》中把小学六年学习时间划分为 1～2 年级、3～4 年级、5～6 年级三个学段，每个学段在课程内容、学业质量上有不同的要求，同时也给出了教学策略建议以及学习活动建议。在设计项目式学习的目标与内容时，需要充分考虑现实依据、课标依据、教材依据。小学生的认知发展处于初级阶段，他们对世界充满好奇与探究欲，其思维以具象思维为主，对复杂概念的理解能力有限。同时，他们的注意力集中时间较短，容易分散。因此在设计科学项目式学习的时候，应注意选择贴近学生生活、易于学生理解的主题，避免过于抽象和复杂的内容，设计有趣的项目式学习产品，让孩子们在探究和制作产品的过程中收获知识，感到有趣和有成就感。

2. 遵循科学本质观

科学本质观构成了科学认识论的核心，它体现了人们对于科学知识发展所持有的价值观或信念。《美国国家科学教育标准》将科学的本质概括为三个要点：首先，科学家通过观察、实验、理论模型和数学模型来构建和验证对自然界的解释；其次，在那些活跃的研究领域，尤其是在缺乏大量实验性或观察性证据及了解的领域，科学家对所研究的证据和理论做出不同的解释是一种正常现象；最后，对科学成果、实验、观察、理论模型以及科学家做出的解释进行评价。[2] 研究表明，儿童可以从 5 岁开始

[1] 桑国元、叶碧欣、黄嘉莉等：《构建指向中国学生发展核心素养的项目式学习标准模型》，载《中国远程教育》，2023（6）。

[2] 刘儒德、倪男奇：《论学生的科学本质观》，载《比较教育研究》，2002（8）。

建立对科学本质思想的理解，因此，小学生应该先学习科学本质中较为具体的内容，如“科学知识基于实证”，然后再学习科学本质中较为抽象的内容，如“科学的创造性”。[1] 设计科学项目式学习的过程中需要融入科学史内容，如在文化建构环节开展讲科学家的故事、阅读科学故事读本等活动。接下来，循序渐进地开展科学实验、进行科学辩论等。

（二）小学科学项目式学习的设计流程

1. 选择项目主题

在选择项目主题时，需要参考科学课程的教学大纲和标准，确保所选主题与学生的年级和学习目标相符。科学课程主要设置了 13 个学科核心概念，通过对这些学科核心概念的学习，理解物质与能量、结构与功能、系统与模型、稳定与变化 4 个跨学科概念（如图 2-1 所示）。

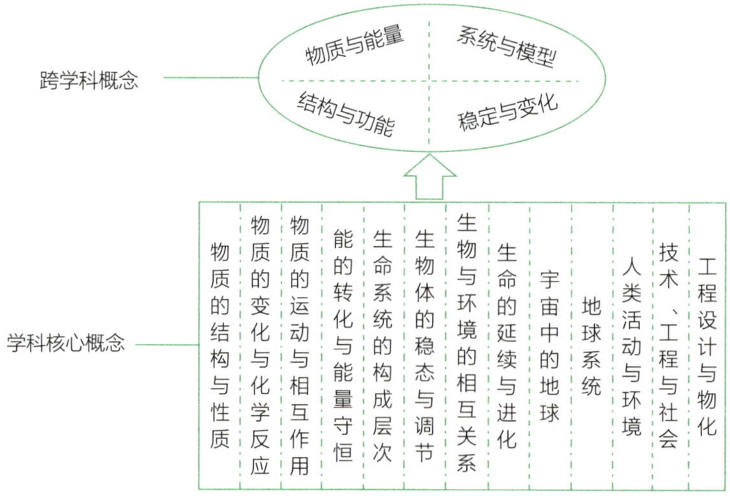

图 2-1 科学课程的内容结构

考虑到学生的兴趣、课程内容以及社会需求，主题应该与科学课程的学科核心概念相关，并能够激发学生的好奇心和求知欲。为了获得有关学生需求的信息，可以通过向学生发放调查问卷，了解他们对哪些科学领域或实际问题感兴趣。同时，教师应该考虑当前社会面临的挑战和问题，与真实的世界联系起来。这里以“物质的结构与性

[1] 康琪、丁邦平：《基于科学本质的小学科学教学建议与思考》，载《中小学教材教学》，2018(7)。

质”“生命系统的构成层次”“宇宙中的地球”这三个概念为例，列举以这些核心概念为学习内容的项目式学习的可能主题。

（1）物质的结构与性质。例如“制作手工净水器”，学习关于水污染和净水的基本知识，收集材料（如塑料瓶、沙子、石子、活性炭、布等），设计和制作一个净水器，逐层放置过滤材料，测试净水器的效果，记录和比较过滤前后的水质，讨论净水技术在日常生活中的应用。再如“神秘材料探险”，让学生通过简单实验（如浮沉实验、硬度测试、吸水性测试）了解材料的特性，完成一本探险日志，记录对不同材料的发现和实验结果。

（2）生命系统的构成层次。例如“植物生长观察日志”，了解植物的生长过程及其对环境条件的依赖，选择几种易于生长的植物种子（如豆类、向日葵），在不同条件下种植（如不同的光照、水分、土壤），定期记录植物的生长情况，制作观察日志，记录生长高度、叶片数量、颜色变化等，分析不同条件对植物生长的影响，并总结实验结果。再如“制作生态瓶”，学习生态系统的基本构成及其与生物之间的相互关系，收集材料（如玻璃瓶、土壤、小植物、小鱼、小虾、石子等），设计和制作一个小型生态系统，逐层放置各种生物和非生物材料，观察生态瓶内生物的生长变化，讨论生态系统的自我维持及其在现实生活中的重要性。

（3）宇宙中的地球。例如“月相日记”，让学生观察月亮每天的形状变化，记录一个月内月亮的不同形状，制作一本月相日记，通过图画展示月亮从新月到满月再到新月的变化过程，了解月相变化的规律和原因。再如“宇宙探秘”，学习宇宙的基本构成（如恒星、星系、黑洞等），通过观看科普纪录片、阅读相关书籍，了解宇宙的起源和演化，制作主题为宇宙探秘的手册或海报，展示所学到的宇宙知识，解释大爆炸理论、恒星的生命周期等基本概念。

2. 确立学习目标

在选择了项目主题之后，接下来需要确立学习目标。学习目标应该明确、具体，并与课程标准和学生能力水平相适应。目标可以涵盖知识、技能和态度等方面，以确保学生在项目式学习中能够全面发展。在确立学习目标时，教师应该将目标分解为具体、可衡量的学习任务和技能要求。例如，除了涵盖科学知识的学习外，还可以包括科学方法的应用、团队合作能力的培养等。这些学习目标应该能够激发学生的学习动力，并具有一定的挑战性，以促进他们的成长和发展。为了更好地设计学习目标，教师可以从学科学业目标、核心素养目标这两方面进行设计。

（1）学科学业目标。项目式学习不能离开“学习”，因此在设定目标时首先要考虑学生的学业发展。小学科学课程可以根据教学实际和项目的具体情况，结合《科学课标》中的学段目标设置与学科知识和技能有关的学习目标。例如，“植物生长观察日志”的项目中，学科学业目标可以以《科学课标》中“能选择合适的方法探究植物生长的调节过程”“认识到植物利用阳光、空气和水分在绿色叶片中制造其生存所需养分的过程就是植物的光合作用”“能说出植物和动物都有基本生存需要，认识到植物、动物的某些结构具有帮助其维持自身生存的相应功能”等总体要求为基础，结合实际的教学情境和项目式学习的主题、时长、资源支持等因素，对课程标准进行细化。另外，多数项目并非只涉及单一学科，会涉及跨学科知识。为保障项目实施的效率和质量，在设计学科学业目标时需要明确其他学科的具体知识和技能目标。

（2）核心素养目标。由于项目式学习的跨学科特征，核心素养目标可以根据具体的教学情况和项目情况，结合中国学生发展核心素养的三维度（文化基础、自主发展、社会参与）与六大核心素养（人文底蕴、科学精神、学会学习、健康生活、责任担当、实践创新）[1] 进行设计。项目式学习的核心素养目标也可以围绕课程标准和各学段学科核心素养展开，以《科学课标》为重要依据，以学科的核心概念与原理、学科思想方法和学科素养为内容。《科学课标》提出小学科学课程要培养学生的科学观念、科学思维、探究实践、态度责任四类核心素养。

3. 拟定驱动问题

在确立学习目标之后，需要拟定一个驱动问题，以引导学生的学习和探究。在科学项目式学习中，问题的选择至关重要。问题应该具有挑战性和启发性，贴近学生的实际生活和感兴趣的领域，并与科学课程内容相关，能够激发学生的好奇心和求知欲。高质量的驱动问题指向学科本质，以清晰具体的语言表达核心任务，兼具开放性、可持续性

[1] 林崇德：《构建中国化的学生发展核心素养》，载《北京师范大学学报（社会科学版）》，2017（1）。

与迁移的可能性，从而激活学生的高阶思维，让学生有方向感和挑战感。[1]拟定驱动问题时，教师可以通过与学生的讨论和思考来确定一个具有挑战性和启发性的问题。问题应该引导学生思考和探究，而不是让学生简单地寻找答案。同时，教师也可以鼓励学生提出自己感兴趣的问题，以增加学习的个性化和多样性。在拟定驱动问题时，首先应拟定核心驱动问题，接下来形成分解驱动问题。

（1）拟定核心驱动问题。提出一个令学生眼前一亮、有探究欲望的核心驱动问题是优质项目式学习的前提。之所以被称为“核心”，是因为项目式学习是由若干驱动问题组成的，项目的不同进程中还可能有新的驱动问题出现，而核心驱动问题是项目的主心骨。核心驱动问题源于真实的问题情境，这种真实不一定是指在现实空间中发生，但是一定要引起学生的共鸣。优质核心驱动问题应该具备以下三大特征：第一，开放性。核心驱动问题应是有讨论空间且有开放结果的。学生需要的是一个结果开放的环境，他们可以在探索中尽可能地发散思维、持续思考，从而进入深度学习。第二，挑战性。一个合适的核心驱动问题应该充分考虑学生的最近发展区，问题是学生有潜力通过多方合作支持、多次尝试、深度探究得以解决的，不能过于简单。第三，相关性。项目式学习是课堂教学的补充模式，项目的开展需要联系学生近期的学习内容，教师可以将学生已有的知识与新的情境联系起来。新鲜事物和出乎意料的事往往容易吸引学生的注意，当学生可以将新事物与已知的事物联系到一起时尤其如此。[2]此外，项目式学习核心驱动问题的设计应逐渐淡化学科边界，在研究的过程中采用多学科、多思维角度，不要预设或者囿于某一学科思维，应在解决问题的过程中不断建构、不断整合，以达到学习的目的。[3]

（2）形成分解驱动问题。在完成核心驱动问题的设计之后，我们还需要将核心驱动问题进行分解，形成3～5个分解驱动问题。分解驱动问题可以理解为我们在解决核心驱动问题、形成最终产品的这个过程中的“里程碑”，也就是要解决核心驱动问题

[1] 桑国元、叶碧欣、黄嘉莉等：《构建指向中国学生发展核心素养的项目式学习标准模型》，载《中国远程教育》，2023（6）。
[2] 桑国元、王佳怡：《项目化学习在幼儿园活动中的实施》，载《教育理论与实践》，2021（26）。
[3] 张彬、桑国元：《项目式学习中的驱动性问题：学科差异与质量提升》，载《北京教育学院学报》，2023（5）。

需要一步步地分别解决哪些子问题和完成哪些子任务。分解驱动问题是核心驱动问题的具体化，可以包括导入式问题、展开式问题、总结式问题、反思式问题等多种问题类型。

4. 设计实施方案

在拟定了驱动问题之后，需要设计实施方案，即具体的学习活动和任务。实施方案应该根据项目主题和学习目标来设计，涵盖知识传授、实践探究和成果展示等方面。设计实施方案时，教师可以采用多种活动形式，如实验研究、小组合作等。这些活动应该能够充分调动学生的学习积极性和参与度，让他们在实践中获得知识的积累和技能的提升。同时，教师还可以根据学生的不同学习风格和能力水平提供个性化的指导和支持，以帮助他们克服学习障碍，实现学习目标。设计实施方案主要包括设计项目任务和设计学习支架两部分。

（1）设计项目任务。在项目式学习中，我们可以基于核心驱动问题和各个分解驱动问题，将一个完整的项目划分为一个主任务和多个子任务。这种“总—分”的任务设置能够降低学习难度，提高项目的可操作性。教师可以根据项目的时间周期、学生的数量、项目的复杂程度等因素来设计任务。具体来说，与驱动问题相比，任务的描述应该更具体，并尽可能使用具有创造性的行为描述，以激发学生的创新性。对于低年级的学生，任务描述需要更加具体，让他们清楚地知道他们和他们的团队接下来要做什么。而对于已经具备一定的理解、设计和规划能力的高年级学生，应在任务内容和时间安排等方面给予他们更大的自由。项目式学习的设计是产品导向的，因此在设定主任务和各个子任务时，教师需要考虑到每个任务对应的最终产品和主产品是什么，以及预估完成任务和产出产品所需的时间。

（2）设计学习支架。在项目式学习的实施过程中，教师需要为学生提供必要的材料、资源、方法等学习支架，以便学生能够更加顺利和高效地完成项目。因此，在设计时，教师需要提前预想和准备好各个环节的学习支架。学习支架要具备直接、有序、适宜、多样的特征。直接是指教师要确保提供的信息和材料直接有助于项目的完成，避免无关的“噪声”干扰学生；有序是指教师要按照项目实施的阶段顺序为学生提供支架；适宜是指教师要根据学生的发展水平和认知特点提供支架；多样是指采用多种方式呈现学习支架，如优质科学视频和纪录片、教育网站及在线资源、科学应用软件、实验工具和材料、增强现实（augmented reality，AR）或虚拟现实（virtual reality，VR）技术。项目式学习的学习支架可以根据项目的问题和开展的具体情况为学生提供，常见的学习支架有三种。第一种是范例支架，是指与项目产品相关的例子；第二种是内容支架，主要为开展项目所需的必要资源和相关内容；第三种是方法支架，是指学生探究问题时可能用到的研究方法。

5. 设计评价方案

最后一个步骤是设计评价方案，用于评价学生的学习成果和项目效果。评价方案应该与学习目标相一致，并包括多种评价方法，以全面了解学生的学习情况。设计评价方案时，教师应该充分考虑学生的学习过程和成果，采用多种评价方法和工具进行全面评价。评价可以涉及学生的作品展示、口头表达、书面报告、实验数据分析等多个方面，以便更准确地了解学生的学习情况和成长进程。同时，教师还可以通过反馈和指导，帮助学生发现问题、改进学习方法、提高学习效果。评价方案可以包括以下几个方面：（1）对学生的个人报告和团队展示的评价；（2）对学生参与项目过程的评价；（3）对学生的成果和解决方案的评价。

三、小学科学项目式学习的实施

（一）小学科学项目式学习的实施原则

1. 合作原则

科学项目式学习的实施需要营造积极向上、合作共赢的学习氛围。在这样的学习氛围中，学生被鼓励表达自己的想法和观点，尊重他人的意见，勇于探索和创新。通过与同学的合作、交流和分享，学生可以彼此激励、共同进步，在合作中体验到学习的乐趣和成就感。举例来说，在科学课程的一个项目中，学生可能需要合作设计并制作一个实验装置。在这个过程中，学生需要共同商讨实验方案、分工合作、解决问题。通过这样的团队合作，学生不仅可以增进彼此之间的理解和信任，而且还可以培养团队合作和沟通能力，营造积极向上的学习氛围。

2. 管理原则

有效的项目管理能够确保项目按计划顺利进行。项目管理包括计划制订、进度跟踪、资源调配等方面，教师需要充当项目经理的角色，组织和指导学生完成各项任务。在科学课程的一个项目中，学生可能需要设计和开展一个力学实验。在项目开始之前，教师可以协助学生制订实验计划、安排实验时间和场地、准备实验材料。在实施过程中，教师需要及时跟踪学生的实验进展，解决实验中遇到的问题，并提供必要的指导和支持，确保实验顺利进行。

3. 迭代原则

在项目结束后，需要对该项目进行复盘反思与迭代，对整个学习过程进行深入的回顾和总结。这一步骤的目的在于帮助学生从学习经验中汲取教训，反思自己的学习过程和成长，为未来的学习提供指导和启示。在复盘反思过程中，学生可以回顾整个项目的设计、实施和成果展示，对项目的优缺点进行分析和总结。他们可以思考以下几个方面。第一，项目执行过程。学生可以回顾项目的实施过程，分析团队合作、任务分配、沟通协调等方面的情况。他们可以思考项目执行中遇到的问题，以及如何克服这些问题，改进学习策略和方法。第二，学习收获和成长。学生可以思考在项目式学习中获得了哪些知识、技能和经验，以及如何应用这些学习成果。他们可以评估自己在项目式学习中的表现，分析自己的优势和不足，为自己的学习提供反馈和指导。第三，团队合作和协作能力。学生可以评估自己在团队合作和协作等方面的表现，分析团队中的角色分工、沟通效率等情况。他们可以思考团队合作中出现的问题，分析如何改进团队合作效果，提升团队整体绩效。第四，未来改进方向。学生可以针对项目式学习中存在的问题和不足，提出改进方案和未来发展的建议。他们可以思考如何进一步完善项目设计、提高学习效果，为未来的学习积累经验。

（二）小学科学项目式学习的实施流程

1. 项目启动

在科学项目式学习的实施流程中，项目启动是关键的一步，它为学生提供了开始探索科学问题的契机。在项目启动阶段，教师将科学课程内容与项目主题有机结合，激发学生的兴趣和学习动力。通过介绍项目的主题、背景和意义，教师可以引导学生进入科学探索的世界。好的项目启动环节不仅可以使学生了解到解决科学问题的现实意义，而且还能够激发他们对科学研究的兴趣和热情。在项目启动阶段，需要完成入项活动、问题分解、团队建设以及文化建构。

第一，入项活动。

科学项目式学习的入项活动是指项目启动阶段的一系列活动，旨在引导学生进入项目式学习的状态，激发学生的学习兴趣和探索欲望，为后续的项目实施做好准备。其目的是让学生对项目的主题、背景、目标和意义有所了解，并为他们提供积极向上、合作共赢的学习环境。通过入项活动，学生可以对项目的内容和要求有清晰的认识，增强对科学学习的兴趣和信心，为项目式学习的顺利开展奠定基础。在入项活动中，教师起着引导和组织作用，通过各种形式的活动和互动，引导学生进入项目式学习的状态。教师可以结合项目的特点和学生的需求，精心设计和组织入项活动，以吸引学生的注意力，激发他们的学习热情，提高学习效果和成果。这些活动可以采用多种形式开展，包括举办项目介绍会、提出启发性问题、组织观察实验或现象展示、进行小组讨论和绘制思维导图、进行案例分析和故事分享等。

举办项目介绍会。教师组织一个项目介绍会，向学生介绍项目的主题、背景、目标和意义，激发学生对项目的兴趣和好奇心。通过图文并茂的展示、生动的讲解和引人入胜的故事，吸引学生的注意力，引导他们主动参与项目式学习。

提出启发性问题。教师提出一个富有启发性和挑战性的问题，引发学生的思考和讨论。这个问题可以是与学生日常生活相关的科学难题，也可以是一个引人深思的科学话题。通过提出问题，激发学生对科学问题的好奇心和探索欲望，引导他们主动探索和解决问题。

组织观察实验或现象展示。教师组织一次观察实验或现象展示，让学生亲身体验和观察科学现象。通过实验或展示，学生可以感受科学知识的魅力和神奇，增强对科学学习的兴趣和信心，为项目式学习的开展奠定基础。

进行小组讨论和绘制思维导图。教师组织学生进行小组讨论，探讨与项目主题相关的问题和观点，并将讨论结果整理成思维导图。通过小组讨论和思维导图绘制，学生可以充分发挥自己的想象力，厘清思路，明确学习目标，为项目式学习做好准备。

进行案例分析和故事分享。教师向学生分享与项目主题相关的案例和故事，让学生了解真实的科学应用过程和问题解决方法。通过案例分析和故事分享，学生可以深入了解科学知识的应用和意义，激发学习兴趣，为项目式学习提供参考和借鉴。

第二，问题分解。

问题分解是项目启动的关键步骤之一，它有助于学生更深入地理解和分析科学问题的本质和复杂性。在问题分解的过程中，教师和学生需要共同参与，根据项目的主题和要求，将大问题分解为具体的小问题，并为每个小问题设定清晰的研究方向和任务目标。这样的分解过程有助于学生更好地理解和把握项目的内容和要求，提高学习的效率和效果。问题分解的步骤包括：分析核心驱动问题，这个问题应该是项目的核心，对学生具有挑战性和激励性；形成分解驱动问题，将核心驱动问题分解为几个关键的子问题，这些子问题应该是可以独立解决的，同时又与核心驱动问题密切相关；进一步细分子问题，对每个分解驱动问题进行进一步的分解，将其细化为更具体、更具可操作性的子问题，这些子问题应该能够引导学生进行深入的研究和实践。

第三，团队建设。

团队建设是科学项目式学习中不可或缺的一环，它能够促进学生之间的合作和协作，培养团队精神和沟通能力。在项目启动阶段，教师可以组织学生自由组队或指定团队，确保团队成员之间具有多样性和互补性。通过团队建设，学生能够学会相互合作、共同进步，在合作中实现个人和团队的发展；通过有效的组织和管理，团队成员之间能够做到彼此信任，共同完成项目任务，并达到学习目标。团队建设旨在激发学生的团队精神和合作意识，培养学生的沟通能力和团队协作能力，提高团队整体的绩效和成果。一个好的团队需要团队成员具备多样化的能力，每个成员可以拥有多重角色。可以将角色分为思考导向类（创新者、审议者、专家）、沟通导向类（协调者、凝聚者、联络者）、行动导向类（推进者、执行者、完成者）。[1]

[1] 桑国元、叶碧欣、王翔：《项目式学习教师手册》，143 页，北京，北京师范大学出版社，2023。

第四，文化建构。

文化建构是科学项目式学习的重要组成部分，它为学生提供了一个积极向上、合作共赢的学习环境。在项目启动阶段，教师与学生共同创建积极的学习文化，鼓励学生尊重他人、勇于探索和创新。文化建构的核心是营造一种尊重、信任和合作的学习氛围，让学生能够自主探索、开放思考，共同探讨、合作解决科学问题，实现个人和团队的发展目标。通过文化建构，学生能够在团队合作中发挥自己的优势，激发学习的潜能。文化建构的主要内容包括以下几方面。

制定学习公约。学生和教师共同制定一份学习规范和约定，明确学习目标、学习方法、学习责任和学习评价等内容。学习公约的制定有助于促进学生的自主学习和团队合作，提高学习的效果。

布置教室环境。通过教室的布置和装饰，营造有利于学生学习和交流的氛围。例如，提供舒适的座位、清晰的学习区域、丰富的学习资源和展示墙等，激发学生的学习兴趣和创造力，提高学习的积极性和主动性。

营造学习氛围。学习氛围是指学生在学习过程中所感受到的一种情感和情绪状态，包括学习的愉悦和兴奋、学习的自信和自豪、学习的积极和乐观等。教师可以通过鼓励、赞扬和支持，营造积极向上、和谐融洽的学习氛围，激发学生的学习潜能和创造力。

2. 项目计划

科学项目式学习实施流程中的项目计划对于项目的成功实施具有重要的意义。项目计划是一份详细的指南，明确了项目的目标、任务、时间表和资源分配。通过明确任务、规划进程和定义产品，项目计划为项目团队提供了一个清晰的方向和框架，有助于项目的有效管理和控制，提高项目的质量和效率，从而顺利达到学习目标。

第一，明确任务。

项目计划明确了项目的任务，包括核心驱动问题、分解驱动问题以及学习目标和成果。通过明确任务，学生和教师可以清楚地了解项目的内容和要求，明确各自的责任和角色，提高项目实施的效率和成效。首先，教师可以准备一份明确的项目任务书，详细说明项目的背景、目标、要求和任务。任务书应该清晰地列出学生需要完成的工作任务和时间节点，以及评价标准和成果要求。通过任务书，学生可以清晰地了解项目的要求和期望，明确自己的任务和责任。其次，教师可以帮助学生将核心驱动问题分解为具体的任务和子问题。这些任务和子问题应该是可操作的，能够帮助学生逐步实现核心驱动问题的解决。通过分解任务，学生可以清晰地了解自己需要做的事情，有针对性地进行学习和实践。最后，教师可以提供相关的案例和示范，帮助学生理解和明确项目任务的具体内容和要求。通过案例和示范，学生可以了解任务的实施过程和方法，获得一些实用的经验和技巧，提高任务完成的效率和质量。

第二，规划进程。

项目计划规划了项目的整体进程和时间安排。通过规划进程，项目团队可以合理安排时间和资源，合理分配任务和工作量，确保项目按时完成，并及时调整和应对可能出现的问题和挑战。首先，在明确学习目标的基础上，师生一起制订详细的项目计划。计划包括项目的开始时间和结束时间、各个阶段的工作内容和时间安排，以及资源和支持的分配等。师生可以通过讨论和协商，确定项目的实施方案和进度安排，确保项目能够顺利进行。其次，在分解项目任务的基础上，师生共同制定详细的时间表。要考虑学生的学习能力和实践能力，合理安排不同难度的任务和工作量，确保学生能够按时完成任务。

第三，定义产品。

在科学项目式学习的实施过程中，定义产品是至关重要的，因为产品是学生最终呈现的他们所学和所做的成果，也是对学习过程的总结和展示。在项目计划中，我们可以对产品做一些预设。

首先，明确主产品和子产品。师生应该明确主产品和子产品的概念。主产品是项目的核心成果，直接回答了核心驱动问题或克服了项目的主要挑战；而子产品则是支持主产品的辅助成果，可以是实验数据、研究报告、模型图等。明确主产品和子产品，有助于学生明确任务和方向，提高学习的效率。

其次，预设产品的形式和内容。在定义产品的过程中，师生应该预设产品的形式和内容，根据项目的主题和目标确定适合的展示方式和表现形式。在科学课程中，项目式学习的产品形式多种多样，常见的项目式学习产品包括科学实验报告、研究论文、科学展示海报、科学模型、科学展示视频等。这些产品既可以展示学生的科学实验和研究成果，又可以反映学生的创新和思考能力，有助于提高学生的科学素养和学术能力。

3. 项目执行

项目执行部分承担着将项目计划转化为实际行动的重要任务。在这个阶段，学生开始实施项目计划中确定的任务，按照时间表和进度安排，开展实验、研究、数据收集、分析等活动。这有助于学生将理论知识转化为实际技能和实践能力，提高动手能力和解决问题的能力。同时，项目执行部分是学生进行实践探索和自主学习的关键阶段。在这个阶段，学生通过实际操作和实验研究，深入探究科学问题，收集和分析数据，验证实验假设，解决问题和克服挑战。这有助于学生培养科学思维，提高问题解决能力和创新能力。在这个阶段，学生通过自主探索和学习，产生实际的数据和结果，形成具体的产品和成果，回答核心驱动问题或克服项目的主要挑战。这有助于学生获得预期的学习成果，实现个人和团队的发展目标。

第一，支架搭建。

在科学项目式学习中，支架搭建是指建立有组织、有序、高效的工作平台和学习环境，为学生展开科学项目活动提供必要的支持和保障。支架搭建旨在为学生提供必要的资源、指导和环境，以便他们顺利地进行科学实验、研究和探究活动。

那么，如何搭建支架？可以搭建哪些支架？在前期明确了项目的学习目标和任务的基础上，需要提供学生所需的学习资源和支持，包括教材资料、实验设备、科学工具、图书馆资源、网络资源等；建立学生学习社区和合作网络，鼓励学生之间相互交流、分享和合作，提供学习经验和资源共享的平台；提供教师支持和辅导，帮助学生理解和解决科学问题，引导学生进行科学实验和研究，促进学生的自主学习和探究。

如今，智能环境推动科学课程教与学的方式变革，可以提供在线学习平台，为学生提供学习资源和学习工具，方便学生进行远程学习和合作交流；提供虚拟实验室，为学生进行科学实验和模拟操作提供支持，方便学生进行实验探究活动；提供数据分析工具和软件，为学生处理实验数据提供支持，帮助学生进行科学研究和数据分析；提供在线讨论和协作工具，为学生进行学习交流和合作互动提供支持，促进学生之间的合作学习和共同成长。

第二，进度反馈。

进度反馈是指在项目实施过程中，定期对项目进展情况进行评估和反馈。这个过程旨在及时发现和解决项目中可能出现的问题，调整和优化项目的实施计划，确保项目能够按时达成预期的学习目标、获得预期的学习成果。进度反馈能够促进团队成员之间的合作和协作，增强团队的凝聚力和配合度，提高团队整体的绩效，有助于学生及时了解自己的学习进展和学习效果，及时调整学习方法和策略，提高学习的效果。

师生可以通过定期召开项目进度会议，对项目的进展情况进行讨论和评估，分享经验和问题，共同探讨解决方案；学生可以通过项目日志记录自己的学习进展和学习心得，及时反馈自己的学习情况和问题，以便及时解决和调整，还可以利用在线讨论和交流平台，及时向团队成员和教师反馈自己的学习进展和困难，寻求帮助和建议；教师可以通过个人指导和辅导，及时了解学生的学习情况和困难，给予个性化的指导和支持，帮助学生解决问题。

也可以利用一些图表报告将进度可视化。比如，甘特图可以对项目进度进行可视化展示，清晰显示项目的时间安排和进度情况，帮助项目团队了解项目的整体进展和工作分配情况；里程碑图可以标记项目的重要阶段和节点，清晰显示项目的关键事件和里程碑，帮助项目团队掌握项目的重点和关键任务。

4. 项目管理

科学项目式学习实施流程中的项目管理部分具有重要的意义，其主要目的是确保项目能够按计划、高效地推进，最终达成预期的学习目标、获得预期的学习成果。开展项目管理有助于组织和协调项目所需的各种资源，包括人力资源、物质资源、时间资源等，通过合理规划和分配资源，确保项目能够顺利进行，并充分利用资源的优势，提高项目的执行效率。同时，项目管理能够识别和管理项目中的风险和问题，以便我们及时采取措施加以应对和解决，从而降低项目的风险和不确定性，提高项目的成功率和成果质量。项目管理还有助于优化项目的流程和方法，通过不断总结经验和改进方法，优化项目的执行过程。

5. 项目终结

项目式学习强调“以终为始”，项目终结阶段是对整个项目的总结和收尾阶段，意义重大。这一阶段通过回顾项目的整个实施过程，梳理和总结项目的主要成果和收获，确保项目目标得以实现。项目终结阶段需要举行答辩或展示活动，向相关利益方和社会公众展示项目的成果。通过答辩或展示，增强项目的影响力，促进学生的学术交流和成果转化。回顾项目的成功经验和挑战经历，总结项目管理和实施中的经验教训，为未来类似项目的开展提供借鉴和启示。通过对学生在项目中的表现和成果进行评价，了解学生的学习进步情况，为后续学习提供参考和指导。此外，还需要对参与项目的学生、教师和相关人员表示感谢和鼓励。最后，应当对项目相关的资料和文档进行整理和归档，便于今后的查阅和复用，同时也为科学学科的教学和研究提供宝贵的资源和经验。

四、小学科学项目式学习的评价

评价是泰勒提出的课程原理四个步骤中的最后一步，是检测教育实践是否达到教育目标的必然环节。对参与项目式学习的学生进行评价有助于达成“学”的目标，发挥鉴定、改进和激励的功能，促进学生全面发展。[1]

（一）科学项目式学习的评价理念

科学项目式学习的评价理念体现了对学生全面发展和成长的关注，强调评价应该全面、综合、发展和多元。这一评价理念指导着评价的整体取向，能够促进学生的全面发展和个性化发展，提高其学习效果。

1. 全面性

全面性意味着评价应该涵盖学生在项目式学习中所需展现的各种能力和素养，包括认知能力、技能水平、情感态度、价值观念等方面。在评价学生的学习成果时，应该充分考虑学生的全面发展情况，而不应仅仅局限于学术表现或其他单一维度的评价。在科学项目式学习中，全面性评价意味着评价应该覆盖学生在科学知识、科学方法、科学实践、合作沟通等方面的表现。评价不仅要关注学生的学科知识水平，而且还要关注其探究能力、问题解决能力、合作精神等方面的表现，从而全面反映学生在项目式学习中的学习效果和学科素养水平。

[1] 桑国元、蔡添：《项目式学习中的学生评价》，载《教学与管理》，2021（31）。

2. 综合性

综合性意味着评价不仅要考虑学生的学习成绩和学习表现，而且还要考虑其学习过程和学习体验。评价应该综合考虑学生在项目式学习中的实际表现、学习态度、学习动机等方面的因素，从而全面、准确地评价学生的学习效果和学习水平。在科学项目式学习中，综合性评价意味着评价不仅要关注学生的学科知识水平，而且还要关注其科学方法的运用、问题的解决、合作沟通的效果等方面的表现。评价应该综合考虑学生在各个方面的表现，从而全面地了解学生在项目式学习中的学习情况和学习效果。

3. 发展性

发展性意味着评价应该促进学生的学习进步和能力提升，促进其全面发展和成长。评价不仅要反映学生当前的学习水平和学习成果，而且还要激励学生不断探索和实践，促进其个性化发展和持续进步。在科学项目式学习中，发展性评价意味着评价不仅要关注学生当前的学习成果，而且还要关注其学习过程和学习经历。评价应该激励学生主动探究和实践，促进其自主学习和自我发展。评价不仅要鼓励学生取得好成绩，而且还要培养其科学思维能力、创新能力和问题解决能力，从而促进其全面发展和成长。

4. 多元性

多元性意味着评价应该采用多种评价方法和工具，考查学生在不同方面的表现和能力。评价应该充分考虑学生的个性差异和学习特点，注重多样性评价，促进学生的多元发展和多样发展。在科学项目式学习中，多元性评价意味着评价不仅要采用传统的考试和测验方法，而且还要结合项目展示、作品展示、口头报告、小组讨论等多种评价方式。评价应该充分考虑学生的学习过程和学习经验，注重多样性评价，从而全面了解学生的学习情况和学习效果。

（二）科学项目式学习的评价维度

科学项目式学习的评价旨在全面评估学生在项目式学习中所获得的认知和非认知能力。其中，认知能力评价维度包括课程标准中学业要求的达成、学科认识方式及学科能力的发展等方面，非认知能力评价维度包括学习动机、学习兴趣以及对项目式学习和科学的态度等方面。评价维度应该充分考虑学生在科学项目式学习中所获得的各种能力和素养，以全面评价学生的学习效果和学习成果。

1. 认知能力评价维度

（1）课程标准中学业要求的达成。科学项目式学习的评价要关注学生是否达到了课程标准中的学业要求。这包括对科学知识、概念、原理等方面的掌握程度，以及对科学实验、观察、数据分析等技能的应用能力。在科学课程中，学生需要通过科学项目式学习掌握并应用相关的科学知识和技能。评价维度应该覆盖这些核心概念和知识，以确保学生达到了课程标准中的学业要求。

（2）学科认识方式及学科能力的发展。科学项目式学习的评价还应该关注学生对于科学学科的认识方式和学科能力的发展情况。这包括学生能否理解科学思维方式、科学探究的过程和科学实践的重要性，以及是否具备科学研究和探索的能力。在科学课程中，学生需要通过科学项目式学习培养科学思维方式，如实验设计思维、数据分析思维等。通过考查学生在项目式学习中对科学学科的认识方式和学科能力的发展情况，我们可以评估其科学素养的提升程度。

2. 非认知能力评价维度

（1）学习动机。科学项目式学习的评价应该考查学生的学习动机，即学生参与项目式学习的目的和动机。学生的学习动机对于投入项目式学习的程度和学习效果有着重要的影响。在科学课程中，学生的学习动机可能受到诸多因素的影响，如学习目标、学习环境等。

（2）学习兴趣。科学项目式学习的评价还应该关注学生的学习兴趣，即学生对科学学科的兴趣程度。学生的学习兴趣与其学习动机密切相关，是影响学生学习积极性和学习效果的重要因素之一。在科学课程中，通过科学项目式学习，学生可以接触到丰富的科学内容和实践活动，从而激发学习兴趣。

（3）对项目式学习和科学的态度。科学项目式学习的评价也应该考查学生对项目式学习和科学的态度。在科学课程中，通过科学项目式学习，学生可以培养对科学学科的兴趣和热爱，增强对科学探究的信心和决心。

（三）科学项目式学习的评价方法与工具

选择合适的科学项目式学习的评价方法和工具既能够帮助教师全面了解学生的学习情况，又能够促进学生学习效果的改善和学习体验的提升。

1. 量化评价和质性评价

量化评价主要通过数值来衡量学生的学习成绩和学习表现，如考试分数、作业成绩等。在科学课程中，可以设计科学项目式学习的考试试卷和作业任务，评价学生对科学知识和科学方法的掌握程度。质性评价则更注重学生的学习过程和学习体验，通过描述和分析来评价学生的学习效果。可以通过观察学生的学习过程和参与情况，采用教师评价、生生互评和学生自评等方式，了解学生的学习态度、学习动机和学习体验。

2. 形成性评价和终结性评价

形成性评价是指在学习过程中不断进行的评价，目的是促进学生的学习进步和能力提升。终结性评价则是指在学习结束后进行的评价，总结学生的学习成果和学习效果。在科学课程中，形成性评价可以通过定期的小测验、作业任务和实验报告等方式进行，为学生提供及时的反馈和指导。终结性评价则可以通过期末考试、项目展示和总结报告等形式进行，总结学生的学习成果和学习效果，评价项目式学习的整体效果。

3. 软件评价

软件评价是指利用专门设计的软件工具进行评价和分析。在科学项目式学习中，可以利用各种评价软件来收集、分析和处理学生的学习数据，从而全面了解学生的学习情况和学习效果。评价软件可以根据教学目标和评价需求进行定制，为教师提供便捷的评价工具和分析平台。

4. 评价量规

评价量规是科学项目式学习中常用的评价工具之一，它可以帮助教师收集、记录和分析学生的学习数据。评价量规可以对考试试卷、作业任务、实验报告、项目展示、口头报告等进行评价或等级评定，用于评价学生在科学项目式学习中的学习成果和学习效果。可以根据科学课程的学习目标和课程标准，设计科学项目式学习的评价量规。

下篇
小学科学项目式学习案例

X I A

P I A N

设计案例

案例 1　听力守护小卫士
——爱耳日公益宣传活动

李婉　赵梦初　杨华伟　侯丁嘉
首都师范大学附属育新学校

一、项目简介

近年来，由于噪声污染的加剧和人们护耳意识的不足，听力健康问题日益受到社会关注。作为未来的主人，学生需要了解声音的产生与传播、耳朵的构造等科学知识，并认识到保护听力的重要性。本项目旨在通过探索声音世界，提高小学四年级学生的科学兴趣和实践能力，同时普及爱耳、护耳的相关知识。本项目信息如表 3-1-1 所示。

表 3-1-1　项目信息卡

基本信息	项目名称	听力守护小卫士——爱耳日公益宣传活动
	项目持续时间	6 周
	核心驱动问题	如何提高大家保护听力的意识?
	学科	科学、信息科技、艺术、语文
学生团队	项目年级	四年级
	实施团队	四年级全体学生
	参与人数	390 人左右

续表

指导团队	项目设计教师	李婉、赵梦初、杨华伟、侯丁嘉
	项目指导教师	薛晓京

二、项目依据

（一）现实依据

在当今社会，噪声污染已成为一个不可忽视的问题，它无处不在，影响着人们的日常生活和身心健康。尤其对于小学生来说，他们正处于生长发育的关键阶段，听力健康尤为重要。然而，由于缺乏对声音和耳朵的科学认识，以及护耳意识的薄弱，许多小学生常常在不自觉中暴露于噪声污染之中，导致听力受损的风险增加。

此外，随着科技的进步，耳机等音频设备在小学生中的普及率也越来越高。然而，长时间佩戴耳机或在高音量下听音乐，同样会对听力造成损害。因此，提高小学生对声音和耳朵的科学认识，提高他们的护耳意识，已成为一个紧迫而重要的任务。

通过项目式学习的方式，让学生亲自参与探索声音的产生与传播、耳朵的构造等科学知识，不仅能够激发他们的学习兴趣，而且还能加深他们对这些知识的理解和记忆。同时，通过设计并实施一场以“听力守护小卫士”为主题的宣传活动，学生能够将所学的科学知识应用到实际生活中，向同学们普及爱耳、护耳的知识，提高他们的护耳意识。这不仅能够保护学生的听力健康，而且还能够促进社会对听力健康的关注和重视，为建设更加健康、和谐的社会贡献力量。因此，解决这个问题具有重要的现实意义和深远的社会影响。

（二）课标依据

根据《科学课标》，科学课程旨在培养学生的科学素养，激发他们对自然世界的好奇心与探究欲望，提升他们解决实际问题的能力。在“生物体的稳态与调节”中，课程要求学生能够理解生物体的基本结构和功能，包括人体各器官系统的工作机制。在“技术、工程与社会”中，课程强调学生应能运用所学的科学知识来解决现实生活中的问题。

本项目式学习方案紧密贴合了课程标准的要求。首先，它涉及了声音的产生与传播、耳朵的构造等生命科学领域的知识，有助于学生理解人体感官的工作原理。其次，通过设计并实施宣传活动，学生将所学的科学知识应用于解决实际问题，这不仅锻炼了学生的技术与工程实践能力，也提升了他们的社会责任感。最后，本项目还强调了对听力健康的关注，体现了课程对学生健康教育的重视。

（三）教材依据

本项目依据教科版《科学》教材。

四年级上册第一单元“声音”介绍了声音的产生与传播、耳朵的构造与功能，讲述了声音是由物体振动产生的这一基本原理以及耳朵的基本构造包括外部结构（如耳廓、耳道）和内部构造（如鼓膜、听小骨、耳蜗等）的相关知识。本项目引导学生研究声音的产生，以及声音在不同介质（如空气、水、固体）中的传播速度和特点，与教材内容高度契合。学生将通过实验和讨论，深入理解并解释这些科学原理，形成关于声音产生与传播的科普报告。同时，通过模型、图片、动画或视频等多种形式，帮助学生直观地了解耳朵的构造，并探究耳朵如何将声波转化为神经信号的过程。学生将总结耳朵各部分的作用及其在听觉产生过程中的重要性，形成关于耳朵构造的科普报告。

教科版《科学》教材强调实践与探究，鼓励学生通过实验、观察、记录等方式学习科学知识。本项目通过设计并实施爱耳日宣传方案，包括制作海报、手抄报、短视频等宣传材料，以及组织宣传活动，不仅锻炼了学生的实践能力，而且培养了他们的创新意识和社会责任感。

三、教学目标

（一）学科学业目标

1. 科学

（1）理解和描述声音的产生与传播的基本原理，包括声音是由物体振动产生的，以及声音在不同介质中的传播速度和特点。

（2）掌握耳朵的基本构造和功能，了解耳朵各部分在听觉产生过程中的作用。

（3）识别常见的噪声源，并理解噪声对听力健康的潜在危害。

（4）掌握保护听力的基本方法，如避免长时间处于高噪声环境、正确使用耳机等。

2. 信息科技

（1）能够利用信息技术工具获取、整理、分析和传播与听力保护相关的知识和信息。

（2）能够使用数字工具（如多媒体制作软件）设计和制作爱耳日公益宣传材料。

3. 艺术

（1）能够欣赏和感知各种形式的宣传材料，提升审美能力和审美意识。

（2）能够通过绘画、设计等方式创作爱耳日公益宣传作品，表达他们对听力健康的理解和关注。

4. 语文

（1）通过阅读相关文献和资料，提高阅读理解能力；通过写作和演讲等方式，表达对听力健康的关注和呼吁。

（2）能够了解中华优秀传统文化中关于听力保护的知识和智慧，增强文化自信和文化自觉。

（二）核心素养目标

1. 中国学生发展核心素养目标

（1）科学精神与实践创新。激发好奇心和探究欲，通过观察、提问、假设、实验等方式，探索科学知识，解决实际问题。提升科学素养，能够理解科学本质，具备科学思维和科学精神。发扬创新精神，勇于尝试，敢于挑战，通过实践活动发展创新能力和解决问题的能力。

（2）学会学习与健康生活。发展自主学习能力，能够主动探索、积极学习，获得自我管理和自我提升的能力。关注自身健康，了解听力健康的重要性，并学会保护自己的听力。

（3）责任担当。增强社会责任感，意识到自己的行为和选择对他人和社会的影响。参与社会公益活动，能够通过实际行动传播听力保护知识，提升社会影响力。

2. 科学学科核心素养目标

（1）科学思维。能够运用感官和简单工具进行观察，设计并进行简单的实验，收集数据并进行分析。

（2）探究实践。发展从日常现象中发现问题、提出假设、制订计划、进行实验、收集证据、得出结论并解释结果的能力。

（3）科学观念与态度责任。能够理解基本的声学知识，包括声音的产生、传播和接收，以及听力健康的重要性。

（三）项目成果目标

（1）完成一份关于声音产生与传播、耳朵构造的科普报告，报告中应包含对科学原理的准确描述和解释。

（2）设计并制作爱耳、护耳的宣传材料（如海报、手抄报、短视频等），材料应富有创意，能够吸引目标受众的注意。

（3）在学校范围内组织一场以“听力守护小卫士”为主题的宣传活动，活动应能够有效地传达爱耳、护耳的知识和重要性。

（4）活动结束后，形成一份活动总结报告，包括活动的目的、过程、成效和反思等内容。通过反思和总结，提出改进意见和未来的发展方向。

四、驱动问题

本次项目式学习的核心驱动问题设定为“如何提高大家保护听力的意识？”，具体分解如表 3-1-2 所示。

表 3-1-2　驱动问题及成果

核心驱动问题	分解驱动问题	阶段任务	阶段成果	最终成果
如何提高大家保护听力的意识?	声音是如何产生与传播的？	1. 研究声音是如何由物体振动产生的。 2. 探究声音在不同介质中的传播速度和特点。	形成一份关于声音产生与传播的科普报告，报告中应包含对科学原理的准确描述和解释。	在学校范围内组织一场以“听力守护小卫士”为主题的宣传活动，形成一份活动总结报告。
	我们是如何听到声音的?	1. 了解耳朵的外部结构（耳廓、耳道）和内部构造（鼓膜、听小骨、耳蜗等）。 2. 学习耳朵如何将声波转化为神经信号，以及这一过程中各部分的作用。	形成一份关于耳朵构造的科普报告，报告中应包含对科学原理的准确描述和解释。	
	我们应该如何保护听力?	1. 学习噪声对听力的危害以及长期佩戴耳机的不良影响。 2. 探讨保护听力的方法和策略，如避免长时间处于高噪声环境、正确使用耳机等。	生成个性化护耳计划。	
	如何设计爱耳日宣传方案并进行宣传?	1. 利用所学的科学知识，设计一份针对小学生的爱耳、护耳宣传方案。 2. 通过制作海报、手抄报、短视频等形式，向同学们普及爱耳、护耳知识。	形成一套完整的“听力守护小卫士”主题活动方案。	

五、项目实施

本次项目式学习具体实施流程设计如表 3-1-3 所示。

表 3-1-3 项目实施流程设计

入项活动	时间	1～2 课时	地点	班级
	教学流程和环节	1. 宣布“听力守护小卫士”主题活动正式启动。 2. 简要介绍项目背景、目标和意义。 3. 公布活动实施流程和时间安排。 4. 分组与角色分配。学生自由组队，每组 4～5 人，并选举组长，明确各自职责。		
阶段任务 1：声音是如何产生与传播的?	时间	约 1 周	地点	班级
	教学流程和环节	1. 教师介绍声音产生的基本原理，引导学生通过实验探究声音的产生。 2. 学生分组进行实验，观察并记录物体振动产生声音的过程。 3. 小组讨论声音在不同介质中的传播速度和特点，并准备汇报。		
阶段任务 2：我们是如何听到声音的?	时间	约 1 周	地点	校园
	教学流程和环节	1. 教师介绍耳朵的外部结构和内部构造，引导学生通过模型或图片了解耳朵的构造。 2. 学生观看动画或视频，了解耳朵将声波转化为神经信号的过程。 3. 小组讨论并总结耳朵各部分的作用及其在听觉产生过程中的重要性。		
阶段任务 3：我们应该如何保护听力?	时间	约 1 周	地点	班级
	教学流程和环节	1. 讨论噪声对听力的危害。 （1）学生收集资料，了解噪声对听力的具体危害和潜在影响。 （2）小组讨论并分享生活中常见的噪声源及其潜在影响，分析长期佩戴耳机的不良影响。 （3）教师引导学生思考如何减少噪声对听力的危害。 2. 探讨保护听力的方法与策略。 （1）学生结合所学知识，探讨保护听力的有效方法和策略。 （2）分组制订个性化护耳计划，并在班级内分享。 （3）教师点评并补充完善护耳计划。		

续表

阶段任务4：如何设计爱耳日宣传方案并进行宣传?	时间	约1周	地点	多媒体教室
	教学流程和环节	1. 设计宣传方案。 （1）学生利用所学科学知识，设计针对小学生的爱耳、护耳宣传方案。方案需包括目标受众、宣传内容、形式、时间、地点等要素。 （2）小组讨论并完善宣传方案，提交给教师审阅。 2. 制作宣传材料。 （1）学生根据宣传方案，制作海报、手抄报、短视频等宣传材料。 （2）教师提供指导和帮助，确保材料内容准确、形式多样。		
成果展示	时间	1课时	地点	校园
	参与人员	各小组代表		
	教学流程和环节	1. 每组展示其宣传方案、宣传材料及活动实施情况。 2. 邀请教师、同学及家长参与评价，评选出最佳作品。		
评价反馈	时间	1课时	地点	班级
	参与人员	项目组全体成员		
	教学流程和环节	1. 学生反思在项目过程中的收获和不足。 2. 小组讨论并提出对项目的改进意见和建议。 3. 教师总结项目成效，为今后的项目提供参考和借鉴。		

六、项目评价

本次项目式学习评价方案及相应评价量规如表3-1-4、表3-1-5所示。

表3-1-4 评价方案

成果	教学目标	评价维度	评价者	评价时机
阶段成果1：一份关于声音产生与传播的科普报告	1. 能够理解和描述声音的产生与传播的基本原理，包括声音是由物体振动产生的，以及声音在不同介质中的传播速度和特点。 2. 发展观察、提问、假设、实验、分析和解释的科学探究能力，以及运用科学知识解决问题的能力。	对科学原理的描述和解释准确。	学生、教师	形成性评价

续表

成果	教学目标	评价维度	评价者	评价时机
阶段成果2：一份关于耳朵构造的科普报告	1. 掌握耳朵的基本构造和功能，了解耳朵各部分在听觉产生过程中的作用。 2. 发展观察、提问、假设、实验、分析和解释的科学探究能力，以及运用科学知识解决问题的能力。	对科学原理的描述和解释准确。	学生、教师	形成性评价
阶段成果3：个性化护耳计划	1. 能够识别常见的噪声源，并了解噪声对听力健康的潜在危害。 2. 掌握保护听力的基本方法，如避免长时间处于高噪声环境、正确使用耳机等。	能将所学知识与实际生活相联系并加以应用。	学生、教师	形成性评价
阶段成果4：一套完整的“听力守护小卫士”主题活动方案	激发自主学习兴趣，发展自我管理能力，能够主动地获取知识、提升能力。	能将所学知识与实际生活相联系并以创新的方式应用。	学生、教师	终结性评价
最终成果：一场以“听力守护小卫士”为主题的宣传活动，一份活动总结报告	通过宣传活动的实施，增强社会责任感，意识到保护听力健康不仅是个人的事，也是对社会负责的表现。	应用具有创新性。	学生、教师	终结性评价

表 3-1-5　成果汇报评价量规

团队名称	内容	汇报交流	倾听	互动	创新	得分
	主题明确，设计合理，构图美观，可操作性强。	观点阐述明确，汇报条理清楚，声音洪亮，大方得体。	认真倾听，做好记录，及时评价。	能够解答他人的提问，互动积极，小组相互配合。	设计有特色。	
	☆☆☆☆☆	☆☆☆☆☆	☆☆☆☆☆	☆☆☆☆☆	☆☆☆☆☆	
	☆☆☆☆☆	☆☆☆☆☆	☆☆☆☆☆	☆☆☆☆☆	☆☆☆☆☆	
	☆☆☆☆☆	☆☆☆☆☆	☆☆☆☆☆	☆☆☆☆☆	☆☆☆☆☆	

案例 2　绿意盎然
——助力植物健康生长

陈丽娟
北京市昌平区巩华学校

一、项目简介

随着城市化进程的加速，学校、学生居住地周边高楼林立，自然环境区域逐渐缩小。结合教学目标和课程要求，学校因地制宜、因校而异，建造了集趣味研究、种植体验、气象观察为一体的综合性智慧农场，突出学校特色和课程建设特色，师生既可以体验种植劳动，又可以通过各项仪器达到科普教学目标。植物作为校园生态系统中不可或缺的组成部分，不仅能够美化环境，其绿意盎然、健康生长的景象也能展现出人与自然的和谐共处，营造出欣欣向荣的氛围。

本项目旨在通过跨学科的合作与实践，使学生能够深入理解植物生长的需求，探索促进植物健康生长的有效方法，并在实践中应用这些知识以解决现实生活中的问题。学生将有机会了解如何通过科学的种植技术、合理的资源管理和创新的解决方案来改善植物的生长条件，同时提升自己对环境保护和可持续发展的认识。本项目信息如表 3-2-1 所示。

表 3-2-1　项目信息卡

基本信息	项目名称	绿意盎然——助力植物健康生长
	项目持续时间	2 个月
	核心驱动问题	植物生长过程中如何进行精准的水肥管理?
	学科	科学、劳动、数学、语文
学生团队	项目年级	小学四年级
	实施团队	四年级 2 班竹梦班
	参与人数	37 人
指导团队	项目设计教师	陈丽娟
	项目实施教师	陈丽娟

二、项目依据

（一）现实依据

学生有参加植物栽培大赛、太空种子种植等竞赛展示类活动的经验，结合校级农场文化课程的开发，劳动教育、综合实践类活动的展开，学生对于使用传统种植方法进行栽种、管理、采摘等农场劳动有一些基础。学校智慧农场的水肥一体化系统可以通过智能控制各项数据实现智慧种植，结合科学课程课堂教学，通过控制单项变量辅助教学，助力项目式学习活动的开展。

（二）课标依据

本项目参考了《科学课标》。以下是具体的学科核心概念和学习内容以及相关阐释说明。

（1）生命系统的构成层次。生态系统由生物与非生物环境共同组成。学生可以了解水肥管理在生态系统中的作用，通过亲身种植，理解水肥管理如何影响生态系统的平衡，深入理解生命系统的复杂性。

（2）生物体的稳态与调节。植物能制造和获取养分来维持自身的生存。借助观察不同水肥条件下植物的生长情况的设计，通过亲自动手调节水分和养分的供给，观察植物对不同水肥条件的反应，理解植物如何通过吸收水分和养分来维持自身的稳态及其机制。

（3）生物与环境的相互关系。生物能适应其生存环境。通过不同植物对水肥的需求差异及其适应的研究，学生可以探究不同植物如何通过调整自身生理机制来适应不同的水肥条件，如喜水植物和耐旱植物对水分的需求差异，理解生物与环境之间的相互作用。

（三）教材依据

本项目依据湘科版《科学》（2017）教材。

一年级下册第四单元“各种各样的植物”：认识各种各样的植物，通过观察了解不同植物的特点，有目的、有计划地进行科学观察并做好记录。

二年级下册第二单元“植物的生长”：通过定期观察，描述植物生长过程中可见的变化，如发芽、长叶、开花和结果。了解植物生长需要适宜的条件，如水分、光照、温度和土壤，并探索不同条件对植物生长的具体影响。种植一种植物，亲身经历和理解植物从种子到成株的整个生长过程。

三年级下册第四单元“植物的秘密”和第五单元“植物的一生”：学习根、茎、叶等植物各部分的结构及各自的功能，了解植物各生长阶段，理解各部分如何支持植物的健康生长。将学到的知识应用到实际生活中，如参与家庭种植或学校园艺活动。

四年级下册第三单元“生物与环境”：进行简单的实验，如改变植物的生长环境，以预测和观察植物可能出现的反应。具备好奇心、耐心的科学态度，能够进行系统性观察。提高对植物生长与环境保护之间关系的认识，增强环保意识。

通过对这些内容的学习，四年级学生能具备植物学的基本知识，有一定的科学观察和实验记录能力，能在教师指导、同伴合作的情况下有目的、有计划地进行科学观察和探究实验。这些已具备的知识和技能，是本项目式学习活动开展的基础。通过后续学习，结合“智慧农场”的种植管理技术，学生将综合运用相关知识并进行实践，在发展科学思维和实操能力的同时，培养情感态度与价值观，学生也能学会如何与自然和谐共处。

三、教学目标

（一）学科学业目标

1. 科学

（1）知道植物生长的五个阶段以及植物生存需要的条件。

（2）通过观察和记录，比较植物生长差异，分析出现差异的可能原因。

（3）设计和实施旨在改善特定植物生长条件的方案，并在现实环境中测试其效果。

2. 劳动

（1）掌握种植植物的方法和技术。

（2）能安全有效地选择和使用种植工具。

3. 数学

（1）能进行数据收集、整理、分析，形成图表等。

（2）能依据实际情况，正确计算植物生长所需的水和肥料的量等，提供数据支持。

4. 语文

（1）运用口语交际能力和技巧，在活动中有效沟通和表达。

（2）能记录水和肥料的量的变化，针对植物生长情况、研究情况进行日志或研究报告的撰写。

（二）核心素养目标

本项目式学习活动方案的实施，不仅可以帮助植物健康生长，而且还能在此过程中促进学生的核心素养和学科素养的全面发展，实现教育的根本目的——立德树人。学生能够在亲身体验中获得知识、提升能力，并在解决问题中促进自我成长和价值实现。

1. 中国学生发展核心素养目标

（1）文化基础。增强自然科学与中华优秀传统文化的结合意识，通过了解中国传统农业智慧对植物生长的理解，体会中华民族与自然和谐相处的文化精髓。

（2）自主发展。激发对植物科学的好奇心和探索欲望，提高自主获取新知识、新技能的能力。感受植物对人类生活质量的积极影响，认识植物与健康生活方式的联系。

（3）社会参与。增强保护环境、珍惜植物资源的责任感，激发参与社会公益活动、贡献个人力量的意愿。能在实践活动中发挥创意，解决实际问题，发展动手能力和创新思维。

2. 科学学科核心素养目标

（1）科学态度。通过一段时间的种植管理体验，掌握植物生长基本的养护知识和方法，形成科技改变生活、人与自然和谐共处的观点。

（2）科学思维。通过设计并参与种植管理活动，学会运用科学方法观察、分析植物生长的过程和条件，发展批判性思维和解决实际问题的能力。具备科学沟通和表达能力，能够用科学语言和方式表达自己的研究成果和观点。

（3）探究实践。通过观察、实验、调查等方法进行科学研究和实践活动，发展创新能力和解决实际问题的能力。能将植物生长的知识应用于实际生活中，具有科学应用和创新能力。

（4）态度责任。能发挥个人能力和优势，在活动中互相支持、互相帮助，促进个人能力发展。树立科学的世界观、人生观和价值观，尊重科学事实，遵循科学规律，具有创新精神和团队合作意识。

（三）项目成果目标

（1）结合植物生长情况管理和观察日志以及植物生长过程中的图文影音资料，形成一套可复制、可推广的植物养护操作指南或水肥一体化系统智能管理操作指南。

（2）形成水和肥料的有效控制对植物生长情况的影响等一系列针对植物健康生长的实践案例或解决方案，以研究报告的文本形式呈现。

四、驱动问题

本次项目式学习的核心驱动问题设定为“植物生长过程中如何进行精准的水肥管理？”，具体分解如表 3-2-2 所示。

表 3-2-2　驱动问题及成果

核心驱动问题	分解驱动问题	阶段任务	阶段成果	最终成果
植物生长过程中如何进行精准的水肥管理?	在植物的不同生长阶段，如何把控浇水和施肥的时间和量?	1. 结合种植经验，整理出有针对性的水肥管理建议。 2. 了解水肥一体化系统。	整理资料，形成在不同种植方法管理下某一种植物不同生长阶段的水肥指导说明书。	1. 植物生长情况展示汇报，形成植物养护操作指南或水肥一体化系统智能管理操作指南。 2. 形成一份水和肥料的有效控制对植物生长情况影响的研究报告。
	传统种植和水肥一体化系统种植有何差异?	对比传统种植和水肥一体化系统种植，做好管理和观察日志的记录。	呈现种植的植物实体或照片，结合管理和观察日志的记录情况进行阶段性汇报展示。	
	水肥一体化系统如何有效、精准地应用于植物的生长管理?	利用水肥一体化系统对植物进行后续管理，做好观察记录，对生长过程中的问题做出思考并及时调整。	结合前期植物生长情况，调整水肥一体化系统装置的参数，形成有针对性的管理方案，进行后续种植。	

五、项目实施

本次项目式学习具体实施流程设计如表 3-2-3 所示。

表 3-2-3 项目实施流程设计

<table>
<tr><td rowspan="2">入项活动</td><td>时间</td><td>1～2 课时</td><td>地点</td><td>班级</td></tr>
<tr><td>教学流程和环节</td><td colspan="3">1. 你种植过植物吗？在种植过程中需要注意什么？遇到了哪些问题？是怎样解决的？还有哪些困惑？
学生自由发言→回看以前植物栽培或太空种子种植过程中的照片和管理日志→提取出种植管理过程中需要重点关注的几项技术→聚焦浇水和施肥。
2. 聚焦学生种植的几种植物类型，从水、肥管理两方面进行经验梳理，形成一份种植养护说明书。
3. 补充资料：智慧农场水肥一体化系统的简介。植物生长过程中如何进行精准的水肥管理？</td></tr>
<tr><td rowspan="2">阶段任务 1：在植物的不同生长阶段，如何把控浇水和施肥的时间和量？</td><td>时间</td><td>约 1 周</td><td>地点</td><td>班级 + 智慧农场</td></tr>
<tr><td>教学流程和环节</td><td colspan="3">传统种植：
1. 讨论：你认为在植物生长过程中该如何浇水和施肥？进行初步的交流。
2. 各组针对某一种植物，制订一份浇水计划和一份施肥计划，进行交流，其他小组给予建议和点评。
讨论：怎样把控浇水和施肥的量？用什么方法？例如：“早晨”是具体的几点吗？“水”是自来水吗？“一些”是固定的多少毫升吗？
3. 讨论并尝试：在浇水和施肥的管理中，我们可以利用哪些合适的工具或改进哪些工具、材料？怎样运用到种植管理中？
4. 预测：如果利用本组的方法或工具，植物的生长会怎样？能说明什么？需要做出调整吗？
5. 课后整理，形成一份在传统种植方法管理下某一种植物不同生长阶段的水肥指导说明书。

智慧种植（水肥一体化系统种植）：
1. 利用水肥一体化系统装置种植，需要如何设置浇水参数？如何进行施肥管理？
2. 交流讨论，并给予建议和点评。
3. 课后整理，形成一份在智慧种植方法管理下某一种植物不同生长阶段的水肥指导说明书。</td></tr>
</table>

续表

<table>
<tr><td rowspan="2">阶段任务 2：传统种植和水肥一体化系统种植有何差异？</td><td>时间</td><td>约 2 周</td><td>地点</td><td>智慧农场</td></tr>
<tr><td>教学流程和环节</td><td colspan="3">对比种植：对比传统种植和水肥一体化系统种植，做好管理和观察日志的记录。
1. 通过对传统种植管理经验的阶段性分析，提出改进建议。
2. 交流管理过程中个人承担的任务和感受，提出困扰或难点。
3. 讨论：针对个人的工作内容或使用的工具，有更好的建议吗？
4. 展示水肥一体化系统种植下植物的生长情况，分析其与传统种植相比存在的优势。
5. 针对在传统种植方法管理下的植物，利用水肥一体化系统装置进行后续种植。
6. 做好管理和观察日志的记录，有问题及时调整。
7. 呈现种植的植物实体或照片，结合管理和观察日志的记录情况进行阶段性汇报展示。</td></tr>
<tr><td rowspan="2">阶段任务 3：水肥一体化系统如何有效、精准地应用于植物的生长管理？</td><td>时间</td><td>约 1 个月</td><td>地点</td><td>智慧农场</td></tr>
<tr><td>教学流程和环节</td><td colspan="3">1. 植物生长情况展示。
2. 交流：我们组在种植过程中发现的问题是什么？如何思考？调整了哪些参数？后续按照怎样的方案进行管理？预计成果如何？
例如，受天气温度、植物种类不同等因素的影响，在水肥一体化系统管理情况下，植物出现了枯叶、烂根、遭遇虫害等问题，分析原因，查找资料，调整装置的参数。
3. 针对各组汇报的情况，给予指导意见。此环节可以邀请校级智慧农场日常维护管家进行植物的生长情况分析和装置的技术指导。</td></tr>
<tr><td rowspan="3">成果展示</td><td>时间</td><td>1 课时</td><td>地点</td><td>展示大厅</td></tr>
<tr><td>参与人员</td><td colspan="3">校领导、各学科教师、班主任、智慧农场日常维护管家等</td></tr>
<tr><td>教学流程和环节</td><td colspan="3">1. 回顾种植过程，交流心得和感受。
2. 开展植物生长情况展示交流会，对管理和观察日志、植物生长过程中的图文影音资料进行展览，形成一套植物养护操作指南或水肥一体化系统智能管理操作指南，并做讲解。
3. 进行水和肥料的有效控制对植物生长情况影响的研究报告等形式的文稿撰写与汇报。
注：2 和 3 可任选其一进行现场展示。</td></tr>
</table>

续表

<table>
<tr><td rowspan="3">评价反馈</td><td>时间</td><td>1 课时</td><td>地点</td><td>班级</td></tr>
<tr><td>参与人员</td><td colspan="3">项目组全体成员</td></tr>
<tr><td>教学流程和环节</td><td colspan="3">1. 复盘反思项目中的学习经验和改进空间，增进对科学研究方法和项目管理流程的理解。
2. 合影留念。</td></tr>
</table>

六、项目评价

本次项目式学习评价方案及相应评价量规如表 3-2-4 至表 3-2-6 所示。

表 3-2-4　评价方案

成果	教学目标	评价维度	评价者	评价时机
阶段成果 1：在不同种植方法管理下某一种植物不同生长阶段的水肥指导说明书。	能够结合种植经验，整理出有针对性的水肥管理建议。	1. 书写工整，文字正确，内容精练，可操作。 2. 按照植物生长的各个阶段顺序呈现，条理清晰。	学生、教师	形成性评价
阶段成果 2：阶段性汇报展示。	能够通过观察、对比等，分析传统种植和智慧种植各自的优势。	记录详细，有问题、有调整和改进措施，真实客观。	学生、教师	形成性评价
阶段成果 3：有针对性的管理方案。	能够针对植物生长情况对管理方案做出有针对性的调整。	管理方案完整详细，针对性强。	学生、教师、智慧农场日常维护管家	终结性评价

续表

成果	教学目标	评价维度	评价者	评价时机
最终成果：1. 植物养护操作指南或水肥一体化系统智能管理操作指南。 2. 一份水和肥料的有效控制对植物生长情况影响的研究报告。	能观察并记录植物的生长情况，并结合实际，开展对水和肥料与植物生长情况的相关分析。	1. 口头表达流利、条理清晰，能够说清楚自己的观点和思考。 2. 日志或研究报告的撰写详细、完整。	校领导、各学科教师、班主任、智慧农场日常维护管家、学生	终结性评价

表 3-2-5　过程性评价量规

内容	自评星级	互评星级
	我们是（　　）组	我们为（　　）组点评
1. ×× 植物生长条件资料整理。	☆☆☆☆☆	☆☆☆☆☆
2. 在传统种植方法管理下，×× 植物不同生长阶段的水肥指导说明书。	☆☆☆☆☆	☆☆☆☆☆
3. 在智慧种植方法管理下，×× 植物不同生长阶段的水肥指导说明书。	☆☆☆☆☆	☆☆☆☆☆
4. 植物生长情况过程性资料。（观察日志、照片、养护管理视频等）	☆☆☆☆☆	☆☆☆☆☆

表 3-2-6　成果汇报评价量规

团队名称	汇报内容	植物生长	交流演讲	日志展示	互动倾听	得分
	主题明确、汇报完整、设计合理。	实事求是、长势良好、展示清晰。	条理清楚、声音洪亮、大方得体。	记录详细、真实有效、新颖独特。	互动积极、小组配合、态度诚恳。	
	☆☆☆☆☆	☆☆☆☆☆	☆☆☆☆☆	☆☆☆☆☆	☆☆☆☆☆	
	☆☆☆☆☆	☆☆☆☆☆	☆☆☆☆☆	☆☆☆☆☆	☆☆☆☆☆	
	☆☆☆☆☆	☆☆☆☆☆	☆☆☆☆☆	☆☆☆☆☆	☆☆☆☆☆	

案例 3　制作创意电路贺卡

俞丽巧
浙江省金华市永康市龙川学校

一、项目简介

本项目以“父亲节要到了，同学们想要制作贺卡给父亲，但之前制作贺卡时仅写写字、画画图就可以完成，同学们不太满意，想着制作一张有灯光、有音乐声的贺卡向父亲传递真情”为情境展开。基于学生的好奇心与兴趣，让学生设计电路，并通过纸电路的方式制作出创意电路贺卡。让学生在真实的环境中，以好奇心和兴趣为驱动，主动参与探究学习，实现有效学习，培养学生的创造力和动手能力。

本项目面向四年级学生，项目时长为 8 课时（6 课内课时 +2 课外课时），涉及科学、美术、语文等多个领域。本项目信息如表 3-3-1 所示。

表 3-3-1　项目信息卡

基本信息	项目名称	制作创意电路贺卡
	项目持续时间	3 周
	核心驱动问题	如何设计和制作有灯光、有声音且美观的创意电路贺卡?
	学科	科学、美术、语文
学生团队	项目年级	四年级
	实施团队	四年级学生
	参与人数	144 人
指导团队	项目设计教师	俞丽巧
	项目实施教师	俞丽巧

二、项目依据

（一）现实依据

学生前期已经能够使用基础电路元件点亮一个小灯泡，了解了简单电路的概念，为本项目的探究做好了知识铺垫。本项目中，发光二极管（light-emitting diode，LED）灯和纽扣电池、铜箔胶带等元器件的替代使用是关键点，串并联电路的连接、各种开关的设计是学习的困难点。学生要在本项目推进的过程中，经历对电路的设计，最终制作出精美的创意电路贺卡。

（二）课标依据

1. 内容要求

（1）知道电源、导线、用电器和开关是构成电路的必要元件；说明形成电路的条件，切断闭合回路是控制电流的一种方法。

（2）知道有些材料是导体，容易导电；有些材料是绝缘体，不容易导电。

2. 学习活动建议

实验探究方面：利用电路元件连成一个简单电路。

3. 学业要求

（1）会用简单的元件连接简单电路。

（2）能在探究过程中描述现象并如实记录；能在动手连接电路等活动中，耐心操作、反复检查；关注生活中电的重要作用。

（三）教材依据

本项目依据教科版《科学》教材四年级下册第二单元“电路”：借助导线、灯泡、电池等电器元件和许多有趣的探究活动，帮助学生初步建立电是可以在特定的物质中流动的、电是我们生活中重要能源的概念，促进他们对科学探究的理解和探究能力的发展，并学会安全用电。

通过这些内容的学习，四年级学生能够具备基础的电学基本知识，有一定的探究能力和实际操作能力，能在教师指导下，团结协作进行有序实验，运用电学知识创造出更有趣的作品。

三、教学目标

（一）学科学业目标

1. 科学

（1）了解项目计划书的设计。

（2）知道一个完整的闭合回路能点亮一盏灯；通过探究，认识 LED 灯、纽扣电池、铜箔胶带等电器元件，了解纸电路。

（3）了解串联电路的意义，了解能发声的电器元件。

（4）了解并联电路的意义，了解各种开关。

（5）能够运用科学的语言说出自己设计的电路运用到的知识和原理。

2. 美术

（1）自主发展。运用形、色、肌理和空间等美术语言，以描绘和立体造型的方法，选择身边适合于自己的工具、材料。

（2）审美情趣。运用对比与和谐、对称与均衡等组合原理，了解一些简单的创意、设计的加工方法，进行设计和装饰。

3. 语文

（1）口语交际。与人交流能尊重、理解对方；乐于参与讨论，敢于发表自己的意见；表达有条理，语气、语调适当。

（2）综合性学习。对周围事物有好奇心，能就感兴趣的内容提出问题；结合语文学习，用口头或图文等方式表达自己的情感。

（二）核心素养目标

1. 中国学生发展核心素养目标

（1）人文底蕴。在学习、理解、运用人文领域知识和技能等方面，形成正确的情感态度和价值取向。

（2）科学精神。在学习、理解、运用科学知识和技能等方面，形成正确的价值标准、思维方式和行为表现。

（3）学会学习。在项目活动中，能选择合适的学习方法，并对学习进程进行评估，学会反思。

（4）实践创新。在探究活动中能解决问题、适应挑战、积极实践，发展创新意识。

2. 科学学科核心素养目标

（1）科学观念。能够设计项目计划书，通过绘制电路图，知道电器元件的连接方式；能够制作简单的纸电路，让贺卡发光，让贺卡发出声音。

（2）科学思维。能从不同角度分析、思考问题，提出新颖而有价值的观点和解决问题的方法。

（3）探究实践。能够自主设计电路，并对应制作出纸电路；能合理安排贺卡布局，美化电路贺卡，书写对父亲表达爱意的话。

（4）态度责任。能够分配好任务，小组上台大胆、大声地展示作品，学会认真倾听，学会质疑、补充、更正。

（三）项目成果目标

阶段成果 1：会发光的贺卡（简单纸电路搭建卡）。

阶段成果 2：会发光、有声音的贺卡（串联纸电路搭建卡）。

阶段成果 3：用一个开关控制三盏灯的贺卡（并联纸电路搭建卡）。

阶段成果 4：会发光、有声音的贺卡，并完成贺卡封面的绘制。

最终成果：有灯光、有声音、比较美观的创意电路贺卡。

四、驱动问题

本次项目式学习的核心驱动问题设定为“如何设计和制作有灯光、有声音且美观的创意电路贺卡？”，具体分解如表 3-3-2 所示。

表 3-3-2　驱动问题及成果

核心驱动问题	分解驱动问题	阶段任务	阶段成果	最终成果
如何设计和制作有灯光、有声音且美观的创意电路贺卡?	如何让贺卡发光?	设计纸电路，通过点亮一盏灯，让贺卡发光。	会发光的贺卡（简单纸电路搭建卡）。	有灯光、有声音、比较美观的创意电路贺卡。
	如何让贺卡发光的同时发出音乐声?	设计并制作串联纸电路，让贺卡发光的同时能发出声音。	会发光、有声音的贺卡（串联纸电路搭建卡）。	
	如何让贺卡用一个开关控制三盏灯?	设计并制作并联纸电路，让贺卡用一个开关控制三盏灯。	用一个开关控制三盏灯的贺卡（并联纸电路搭建卡）。	
	如何改进并展示创意电路贺卡?	自主设计制作电路，制作创意电路贺卡。	会发光、有声音的贺卡，并完成贺卡封面的绘制。	

五、项目实施

本次项目式学习具体实施流程设计如表 3-3-3 所示。

表 3-3-3　项目实施流程设计

入项活动	时间	20 分钟	地点		班级	
	教学流程和环节	1. 创设情境，出示贺卡图片（视频），提出驱动问题。 2. 思考项目的具体任务模块，完成项目计划书。				
阶段任务 1:如何让贺卡发光?	时间	20 分钟	地点		班级	
	教学流程和环节	1. 认识新电路元件（LED 灯、纽扣电池等），点亮一盏灯。 2. 设计制作。 3. 展示交流。				

续表

<table>
<tr><td rowspan="2">阶段任务 2:如何让贺卡发光的同时发出音乐声?</td><td>时间</td><td>2 课时</td><td>地点</td><td>班级、家里</td></tr>
<tr><td>教学流程和环节</td><td colspan="3">1. 以任务单 1 的形式发布任务: 让贺卡发光的同时能够发出声音。
2. 认识发声电路元件(蜂鸣器等)、串联电路。
3. 绘制思维导图,设计串联电路图,根据电路图制作纸电路并测试。
4. 介绍纸电路模型,填写学习评价表。
5. 课外拓展:查阅更多关于发声元件的知识和与串联电路相关的生活实例。</td></tr>
<tr><td rowspan="2">阶段任务 3:如何让贺卡用一个开关控制三盏灯?</td><td>时间</td><td>2 课时</td><td>地点</td><td>班级、家里</td></tr>
<tr><td>教学流程和环节</td><td colspan="3">1. 以任务单 2 的形式发布任务:让贺卡可以用一个开关控制三盏灯。
2. 认识电路元件(单刀双掷开关等)、并联电路。
3. 绘制思维导图,设计并联电路图,根据电路图制作纸电路并测试。
4. 介绍纸电路模型,填写学习评价表。
5. 课外拓展:查阅更多关于开关的知识和与并联电路相关的生活实例。</td></tr>
<tr><td rowspan="2">阶段任务 4:如何改进并展示创意电路贺卡?</td><td>时间</td><td>2 课时</td><td>地点</td><td>班级</td></tr>
<tr><td>教学流程和环节</td><td colspan="3">1. 以任务单 3 的形式发布任务。
2. 设计电路图。
3. 小组间简单评估对方设计的可行性,预想使用效果;组内讨论,尝试对设计进行优化。
4. 制作纸电路。
5. 进行创意电路贺卡封面绘制,书写对父亲表达爱意的话。</td></tr>
<tr><td rowspan="3">成果展示</td><td>时间</td><td>20 分钟</td><td>地点</td><td>班级</td></tr>
<tr><td>参与人员</td><td colspan="3">各小组成员</td></tr>
<tr><td>教学流程和环节</td><td colspan="3">学生以小组为单位,上台展示作品。</td></tr>
<tr><td rowspan="3">评价反馈</td><td>时间</td><td>20 分钟</td><td>地点</td><td>班级</td></tr>
<tr><td>参与人员</td><td colspan="3">项目全体成员</td></tr>
<tr><td>教学流程和环节</td><td colspan="3">1. 多角度评价作品。
2. 反思。
3. 合影留念。</td></tr>
</table>

表 3-3-4　项目计划书

小组基本情况	组名： 组长： 组员：
小组最终任务	
具体任务安排 （需要解决的问题）	1. 2. 3. 4.
需要的材料 （选择你需要的材料）	□ LED 灯　□普通小灯泡 □纽扣电池　□ 5 号电池 □铜箔胶带　□普通导线 □特制开关　□普通开关 □音乐发声器　□空白贺卡 □彩笔、铅笔
组员分工 合作完成	1.（　　）负责绘制电路图。 2.（　　）负责搭建、测试电路。 3.（　　）负责贺卡封面绘制。 4.（　　）负责成果展示和讲解。 （可填学号）

注：具体任务可参考如下内容。

①如何让贺卡发光?

②如何让贺卡发出声音?

③如何让贺卡既能发出声音又能发光?

④如何让贺卡的灯一盏一盏地亮?

⑤如何让贺卡的灯一起亮?

⑥如何美化贺卡?

（任务可以根据小组情况进行选择或增减）

六、项目评价

本次项目式学习相应评价量规如表 3-3-5 至表 3-3-8 所示。

表 3-3-5 过程性评价量规

维度	评价标准			学生自评	生生互评	教师评价
	☆	☆☆☆	☆☆☆☆☆			
画图	能画电路图。	能画出完整电路图，画图规范。	画图规范，路径清晰，能画出各电路元件，图文结合。			
动手操作	能连接电路。	能连接纸电路。	全程参与模型的制作，能主动进行电路连接。			
交流展示	能简单介绍模型。	能简单介绍模型和设计意图。	能清楚明确地表述设计意图、制作过程和改进的方法。			
小组交流	能表达自己的想法。	能表达自己的想法，能认真倾听他人意见。	能认真倾听他人意见，能接受别人意见或表达不同意见，并做出解释。			
小组分工	只能完成小部分自己的工作。	能完成大部分自己的工作，其余工作需要其他成员帮助。	不仅能较好地完成自己的全部工作，而且还可以帮助他人。			

表 3-3-6　项目阶段成果 2 评价量规

维度	评价标准		学生自评	生生互评	教师评价
	☆	☆☆			
串联纸电路	能连接纸电路。	正确连接串联纸电路，使灯能亮、音乐声响起。			
思维导图	内容较少。	内容丰富、科学。			

表 3-3-7　项目阶段成果 3 评价量规

维度	评价标准		学生自评	生生互评	教师评价
	☆	☆☆			
并联纸电路	能连接纸电路。	正确连接并联纸电路，使三盏灯分别在开关的作用下亮起。			
思维导图	内容较少。	内容丰富、科学。			

表 3-3-8　项目最终成果评价量规

维度		评价标准			学生自评	生生互评	教师评价
		☆	☆☆	☆☆☆			
电路设计（功能）		能正确连接纸电路，有一盏灯、有音乐声。	能正确连接纸电路，有多盏灯、有音乐声。	能正确连接纸电路，有多盏灯、有音乐声，对开关进行了设计。			
绘图、文字（美观度、创意性）	构图	构图一般。	构图较好。	构图饱满。			
	颜色	颜色单一。	颜色协调。	颜色丰富、协调。			
	细节	粗糙。	较好，有文字。	精美，文字内容丰富。			

附录：

任务单 1

（1）请你设计电路图，既让 LED 灯亮，又能发出音乐声。

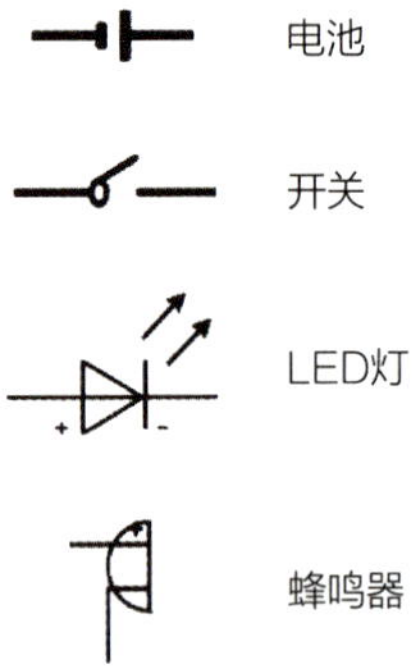

（2）请根据电路图在卡纸上制作纸电路。

温馨小提示：

①发光二极管的特点。长引脚连接正极，短引脚连接负极。

②制作纸电路的开关。不要揭掉免胶纸，胶带末端无胶面，折叠一段，长度要适宜，折叠处用力捏一捏。

③粘贴顺序。先沿着路径铺设一层导电胶带，再通过导电胶带粘贴元件，避免接触不良。

④了解串联电路。几个电路元件沿着单一路径相互连接，每个节点最多连接两个元件，此种连接方式被称为串联，以串联方式连接的电路被称为串联电路，串联电路中流过每个用电器的电流相等。在串联电路中，两个灯泡之间相互影响。打开开关，两个灯泡都发光；拧去一个灯泡，另一个灯泡也熄灭。

任务单 2

（1）请你设计电路图，让贺卡可以用一个开关控制三盏灯。

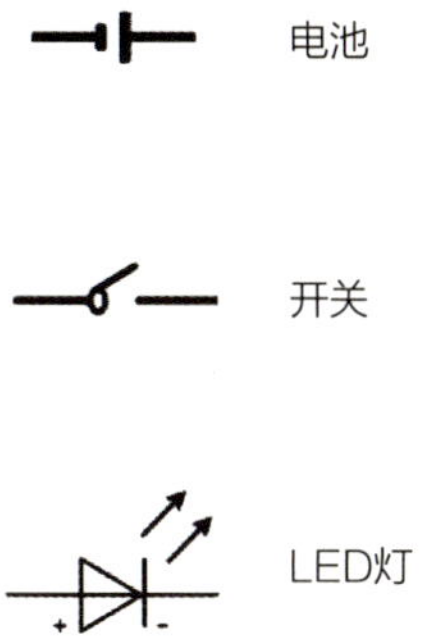

（2）请根据电路图在卡纸上制作纸电路。

温馨小提示：

①发光二极管的特点。长引脚连接正极，短引脚连接负极。

②制作纸电路的开关。不要揭掉免胶纸，胶带末端无胶面，折叠一段，长度要适宜，折叠处用力捏一捏。

③粘贴顺序。先沿着路径铺设一层导电胶带，再通过导电胶带粘贴元件，避免接触不良。

④了解并联电路。并联电路是元件之间的另一种连接方式，其特点是将两个或两个以上同类或不同类的元件、器件等首首相接，尾尾亦相接。并联电路中有两条或两条以上通路，总开关控制整个电路，并联电路中的两个灯泡互不影响，摘掉一个灯泡，另一个正常发光。

任务单 3

（1）请你自主设计电路图，使贺卡能多盏灯发光，同时能发出声音。

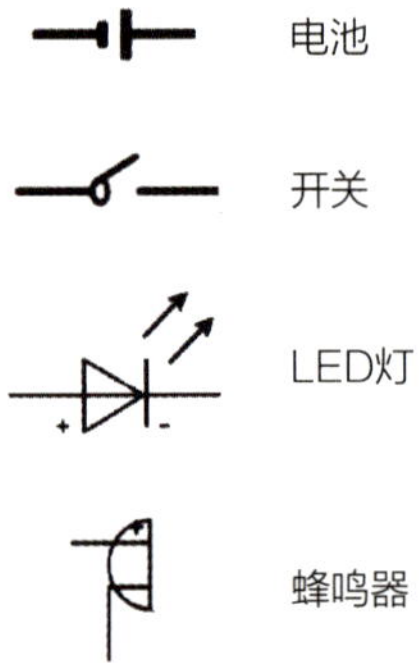

（2）请根据电路图在卡纸上制作纸电路。

（3）绘制贺卡封面。

温馨小提示：

①发光二极管的特点。长引脚连接正极，短引脚连接负极。

②制作纸电路的开关。不要揭掉免胶纸，胶带末端无胶面，折叠一段，长度要适宜，折叠处用力捏一捏。

③粘贴顺序。先沿着路径铺设一层导电胶带，再通过导电胶带粘贴元件，避免接触不良。

案例 4　绿意盎然

——提升青青菜园蔬菜长势行动计划

桂峤
北京第一实验小学

一、项目简介

在新学期的伊始，学校发给每个学生一包蔬菜种子，并鼓励学生参与到家庭种植和校园青青菜园的种植活动中来。作为科技校队的成员，学生怀揣着对知识的渴望和对自然的热爱，在查阅资料后，精心播种下这些希望的种子。尽管学生在播种之前进行了细致的翻土、除草等工作，每日又坚持浇水；但是在种植与养护的过程中，仍遇到了不小的挑战——学生发现种子出芽率低、蔬菜长势不佳。这一现象引起了学生的极大好奇和探究欲望，他们决心找出问题的根源，并寻求解决方案。

因此，本项目“绿意盎然——提升青青菜园蔬菜长势行动计划”旨在引导学生从科学角度出发，通过分析原因、设计实验、进行实地观察和数据分析，深入探究改善青青菜园蔬菜长势的方法。通过此项目的学习，学生不仅能够提升科学实践能力，而且还能够增强对自然和生命的敬畏。本项目信息如表 3-4-1 所示。

表 3-4-1　项目信息卡

基本信息	项目名称	绿意盎然——提升青青菜园蔬菜长势行动计划
	项目持续时间	3 个月
	核心驱动问题	如何提升青青菜园蔬菜种子出芽率？
	学科	科学、美术
学生团队	项目年级	五年级
	实施团队	科技校队学生
	参与人数	32 人
指导团队	项目设计教师	桂峤
	项目指导教师	高潇怡

二、项目依据

（一）现实依据

本项目依托校园内的青青菜园，将其作为科学教育的实践基地。学生在亲身种植的过程中，面对种子出芽率低、蔬菜长势不佳等实际问题，产生了浓厚的兴趣和探究欲望。通过本项目，学生将运用跨学科的知识和技能，在科学课学习的基础上，深入探究植物生长的奥秘，寻求提升种子出芽率的有效解决方案。这一过程不仅能够提升学生的科学实践能力，而且能够培养他们对环境保护和可持续发展的意识。

（二）课标依据

《科学课标》指出，"掌握观察、实验、测量、推理、解释等基本的科学方法；形成科学探究的意识，理解科学探究是探索和了解自然、获得科学知识、解决科学问题的主要途径，理解科学探究涉及提出问题、作出假设、制订计划、搜集证据、处理信息、得出结论、表达交流和反思评价等要素，具有初步的科学探究能力"。

针对"生物体的稳态与调节"，对应"6.1 植物能制造和获取养分来维持自身的生存"的学习内容，3~4 年级学生的内容要求是"①描述植物的生存和生长需要水、阳光、空气和适宜的温度。②描述植物的根、茎、叶、花、果实和种子具有帮助植物维持自身生存的相应功能"，5～6 年级学生的内容要求是"知道植物可以利用阳光、空气和水分在绿色叶片中制造其生存所需的养分"。

学生在以小组形式完成此项目的过程中，会探究影响植物种子出芽的多种因素。通过探究和实践，学生能够夯实课标的学习内容。活动聚焦于学生的关注点，不仅能够提升学生在实践探究中的内驱力，更能够通过探究，使学生夯实学科核心概念，发展学生的科学思维能力，提升他们的科学态度和社会责任感。

（三）教材依据

本项目依据人教 / 鄂教版《科学》教材。

学生通过二年级上册"植物的生活"单元的学习，能够在教师指导下，选择合适的工具和方法栽种并养护植物，通过认真观察记录其生长变化，与同学交流讨论遇到的问题，最终能够描述养护过程并发现植物生长需要水和阳光等基本条件。

学生通过三年级下册“种凤仙花”单元的学习，能够设计水、土壤等因素影响植物生长的对比实验，并且在种凤仙花等植物的过程中，能够坚持记录观察日志，以观察日志为依据，描述凤仙花等植物的一生。

学生通过四年级上册“动植物的繁殖”单元的学习，能够设计探究种子萌发条件的对比实验，知道种子的萌发需要水、空气和适宜的温度等条件。

三、教学目标

（一）学科学业目标

1. 科学

掌握种子出芽和植物生长的基本条件。了解不同环境因素对植物生长的影响。能够设计并进行简单的植物生长实验。能够通过分析收集的数据得出相应的结论。

2. 美术

运用一些简单的色彩搭配技巧，制作布局合理、配图与图表清晰的《青青菜园蔬菜管理手册》。

（二）核心素养目标

1. 中国学生发展核心素养目标

（1）人文底蕴与科学精神。体验科学探索的乐趣，产生对科学的热爱和敬畏之情。

（2）学会学习。在项目实施过程中，能够通过实践、观察、实验等方式，主动获取知识，提高解决问题的能力。

（3）健康生活。在项目实施过程中，增强环保意识，倡导绿色、健康的生活方式。

（4）责任担当。增强社会责任感，学会关注社会问题，积极参与社会公益活动。

（5）实践创新。勇于实践、敢于创新，发展创新思维和解决问题的能力。

2. 科学学科核心素养目标

（1）科学观念。知道植物生长发育需要阳光、空气、水、适宜的温度、养分等。

（2）科学思维。能够提出具体的假设，并且根据自己提出的假设设计对比实验。

（3）探究实践。能够根据假设制订可改善蔬菜长势的计划并收集证据、得出结论。

（4）态度责任。通过此项目体会到农业生产者的不易，能有节约粮食资源的意识。

（三）项目成果目标

（1）形成《提升青青菜园蔬菜种子出芽率的研究报告》：学生分析影响蔬菜种子出芽率的因素，设计实验方案，并整合项目数据、观察结果等，形成研究报告。

（2）形成《青青菜园蔬菜管理手册》：学生整理项目日志，形成包含植物养护指南、规划建议等内容的管理手册，供同学参考、借鉴。

四、驱动问题

本次项目式学习的核心驱动问题设定为“如何提升青青菜园蔬菜种子出芽率？”，具体分解如表 3-4-2 所示。

表 3-4-2 驱动问题及成果

核心驱动问题	分解驱动问题	阶段任务	阶段成果	最终成果
如何提升青青菜园蔬菜种子出芽率？	青青菜园蔬菜种子出芽率低与什么有关？	分析现阶段影响种子出芽率的因素。	整理前期青青菜园种植日志资料，形成一份可能影响蔬菜种子出芽率的因素清单。	展示研究成果，形成《青青菜园蔬菜管理手册》定稿。
	哪些因素影响蔬菜种子的出芽率？	设计实验探究不同因素对蔬菜种子出芽率的影响。定期进行观察并撰写研究日志。	根据研究日志中的信息，形成《提升青青菜园蔬菜种子出芽率的研究报告》。	
	如何制作一份《青青菜园蔬菜管理手册》以推广我们的研究成果？	1. 根据研究报告内容，形成管理手册提纲。 2. 根据提纲从研究报告中提取关键信息，制作管理手册。	根据《提升青青菜园蔬菜种子出芽率的研究报告》，参考《北京第一实验小学校园植物志》，形成《青青菜园蔬菜管理手册》初稿。	

五、项目实施

本次项目式学习具体实施流程设计如表 3-4-3 所示。

表 3-4-3 项目实施流程设计

<table>
<tr><td rowspan="2">入项活动</td><td>时间</td><td>1 课时</td><td>地点</td><td>学校图书馆</td></tr>
<tr><td>教学流程和环节</td><td colspan="3">1. 教师展示青青菜园中长势不佳的蔬菜图片，请去年参与种植的同学分享当时遇到的问题，引起学生对此项目的关注。
2. 背景介绍：简要回顾植物生长的基本条件（如土壤、水分、光照、温度等），以及这些条件对植物生长的重要性。
3. 明确项目的核心驱动问题：“如何提升青青菜园蔬菜种子出芽率？”
4. 将核心驱动问题分解。学生按照兴趣和能力进行分组，明确各自职责。
5. 总结与反思：鼓励学生提出对项目的想法和建议，以便在项目推进过程中进行持续改进。</td></tr>
<tr><td rowspan="2">阶段任务 1：青青菜园蔬菜种子出芽率低与什么有关？</td><td>时间</td><td>1 课时</td><td>地点</td><td>学校图书馆</td></tr>
<tr><td>教学流程和环节</td><td colspan="3">1. 引入话题：通过展示青青菜园蔬菜长势差、种子出芽率低的图片，引起学生兴趣。
2. 头脑风暴：学生自由讨论可能影响蔬菜种子出芽率的因素，如土壤、光照、水分、温度等。
3. 资料搜集：指导学生查阅相关书籍、网络资源，了解各种因素对植物生长的影响。
4. 整理总结：学生整理收集到的资料，形成一份可能影响蔬菜种子出芽率的因素清单。</td></tr>
<tr><td rowspan="2">阶段任务 2：哪些因素影响蔬菜种子的出芽率？</td><td>时间</td><td>约 8 课时</td><td>地点</td><td>学校图书馆 + 青青菜园</td></tr>
<tr><td>教学流程和环节</td><td colspan="3">1. 明确实验目的：明确要探究的因素（如土壤、光照等）。
2. 设计实验方案：指导不同小组学生设计实验方案，包括实验材料、实验步骤、如何进行数据记录等。
3. 讨论优化：学生小组内讨论实验方案，互相提出建议并优化。
4. 教师审核：教师审核学生设计的实验方案，给出反馈和建议。
5. 学生实践：学生到青青菜园中进行播种后，按照自己组设计的实验方案，进行方案实施。定期撰写研究日志，记录观察到的现象、分析数据。
6. 形成《提升青青菜园蔬菜种子出芽率的研究报告》：学生分析研究日志中的信息，形成研究报告。</td></tr>
</table>

续表

<table>
<tr><td rowspan="2">阶段任务 3：如何制作一份《青青菜园蔬菜管理手册》以推广我们的研究成果？</td><td>时间</td><td>约 3 课时</td><td>地点</td><td>学校图书馆</td></tr>
<tr><td>教学流程和环节</td><td colspan="3">1. 交流研究报告：各小组汇报前一阶段的研究成果，发布自己的研究结论。
2. 明确使用对象：学生明确蔬菜管理手册的使用对象。
3. 明确撰写体例：学生参考《北京第一实验小学校园植物志》，明确管理手册的体例和包含的具体要素，列出管理手册提纲。
4. 明确任务：根据自己小组所做的调查研究，根据手中现有的图片、文字资料，明确各小组成员的任务。
5. 教师指导：教师结合学生在管理手册制作过程中遇到的问题进行有针对性的指导。
6. 撰写管理手册初稿，并对初稿进行装订。</td></tr>
<tr><td rowspan="3">成果展示</td><td>时间</td><td>2 课时</td><td>地点</td><td>学校图书馆 + 风雨连廊</td></tr>
<tr><td>参与人员</td><td colspan="3">各小组成员</td></tr>
<tr><td>教学流程和环节</td><td colspan="3">1. 浏览手册：学生对各小组撰写的《青青菜园蔬菜管理手册》初稿进行浏览，分析优点，提出不足和改进方向。
2. 检查：确认管理手册初稿有无错别字、排版问题等。
3. 各小组根据不足和改进方向对本小组的管理手册进行修改。
4. 形成《青青菜园蔬菜管理手册》定稿。</td></tr>
<tr><td rowspan="3">评价反馈</td><td>时间</td><td>1 课时</td><td>地点</td><td>学校图书馆</td></tr>
<tr><td>参与人员</td><td colspan="3">项目组全体成员</td></tr>
<tr><td>教学流程和环节</td><td colspan="3">1. 明确评价目标：确定评价的核心内容和标准。
2. 评价。
（1）自评：学生根据标准对自己在整个项目实施过程中的表现进行自评。
（2）互评：学生根据某一小组撰写的研究报告，对该小组进行评价。
3. 项目总结。
（1）鼓励学生根据反馈结果进行反思和调整，明确改进措施，制订改进计划。
（2）针对不足之处提出改进措施和建议，为今后的教学提供借鉴和参考。</td></tr>
</table>

六、项目评价

本次项目式学习评价方案及相应评价量规如表 3-4-4 至表 3-4-6 所示。

表 3-4-4　评价方案

成果	教学目标	评价维度	评价者	评价时机
阶段成果 1：可能影响蔬菜种子出芽率的因素清单	能够通过分析具体情境，提出关于影响种子出芽率的合理假设。	提出的假设合理	学生、教师	形成性评价
阶段成果 2：《提升青青菜园蔬菜种子出芽率的研究报告》	1. 能够基于实验目的设计合理的实验方案，包括实验材料、实验步骤、如何进行数据记录等。 2. 能够运用科学思维分析实验数据，识别变量间的相关和因果关系。 3. 能够批判性地评估实验结果，识别可能的误差来源，并尊重实验数据的真实性，不伪造或篡改数据。 4. 能够根据研究日志中的信息，形成研究报告。	1. 实验设计与方案合理。 2. 数据分析与批判性思维能力较强。 3. 研究报告撰写能力较强。	教师、学生	形成性评价
阶段成果 3：《青青菜园蔬菜管理手册》初稿	1. 知道《青青菜园蔬菜管理手册》包含前言、作物种植介绍、具体管理方式介绍、附录等内容。 2. 能够运用科学思维进行逻辑梳理和分类整理，形成清晰的管理手册提纲。 3. 能够根据明确的任务，分工合作，运用所学的知识和技能，编写出具有实用性和可读性的管理手册。	1. 手册内容丰富。 2. 手册编写技能较强，实用性较强。	教师、学生	形成性评价
最终成果：《青青菜园蔬菜管理手册》定稿	1. 能够清晰地表达、展示自己小组的管理手册初稿内容。 2. 能够根据其他小组提出的修改建议形成《青青菜园蔬菜管理手册》定稿。	1. 语言表达流畅。 2. 合作顺利。	教师、学生	终结性评价

表 3-4-5 过程性评价量规

评价内容	等级
1. 设计并形成 ×× 因素对蔬菜种子出芽率影响的对比实验方案。	☆☆☆☆☆
2. 蔬菜种子出芽、生长情况过程性资料（日志及照片）。	☆☆☆☆☆
3. ×× 组《提升青青菜园蔬菜种子出芽率的研究报告》。	☆☆☆☆☆
4. ×× 组《青青菜园蔬菜管理手册》。	☆☆☆☆☆

表 3-4-6 成果展示评价量规

团队名称	科学性	实用性	美观度	得分
	信息准确、章节逻辑清晰、具有可验证性。	内容适用性强、操作指导明确、易于应用。	色彩搭配合理、排版布局有序、配图与图表清晰。	
	☆☆☆☆☆	☆☆☆☆☆	☆☆☆☆☆	
	☆☆☆☆☆	☆☆☆☆☆	☆☆☆☆☆	
	☆☆☆☆☆	☆☆☆☆☆	☆☆☆☆☆	

实施案例

案例 5　制作创意笔筒

张蕊

北京小学红山分校

一、项目简介

统览 1～6 年级人教 / 鄂教版《科学》教材，每册的最后一个单元均是工程设计与物化单元。可见，在小学阶段培养学生的技术意识和工程观念十分重要。而一年级上册“制作小物品”是小学阶段遇到的第一个工程设计与物化的教学单元，这对于激发学生的工程设计意识、培养核心素养有着重要的作用和意义。《科学课标》中也指出，着重在设计图纸、成本核算、测试评价及迭代改进方面进行实践。

基于以上内容，我们确定了本次活动的主题是制作创意笔筒。项目历时 4 周，学生经历了创设情境、明确任务，合作探究、解决问题，设计制作、改进提升，成果交流、汇报展示四个阶段，在活动过程中培养了工程实践能力、问题解决能力、合作探究精神和创新意识。本项目信息如表 3-5-1 所示。

表 3-5-1 项目信息卡

基本信息	项目名称	制作创意笔筒
	项目持续时间	4 周
	核心驱动问题	如何为老师设计一个利于收纳、方便取用的笔筒呢?
	学科	科学、数学、美术
学生团队	项目年级	一年级
	实施团队	一年级 1 ～ 5 班
	参与人数	195 人
指导团队	项目设计教师	张蕊
	项目指导教师	高潇怡

二、项目依据

（一）现实依据

学生发现老师办公桌上的文具摆放凌乱，于是想为老师亲手制作一个笔筒。而对一年级学生的前测发现，孩子有使用工具对材料进行加工的经历，但是 95% 的孩子在制作物品之前没有画过设计图，89% 的孩子没有对自己的物品进行过改进完善。于是我借鉴了项目式学习的模式，调动了多学科的知识与技能，与学生一起解决真实情境中的问题，培养学生的工程实践能力和问题解决能力，以此来落实核心素养的培养。

（二）课标依据

《科学课标》中指出，技术与工程实践活动着重在设计图纸、成本核算、测试评价及迭代改进方面进行实践，最终达成科学核心概念中的相关要求。比如，学会使用简单的草图，说出自己的思路；制作简单的实物模型并展示，尝试通过观察发现作品中存在的问题并提出改进方案。

（三）教材依据

“制作小物品”是人教 / 鄂教版《科学》教材一年级上册最后一个单元的内容。在这个单元中，学生会认识一些简单而又常见的工具，并尝试使用这些工具对材料进行加工，开展小制作活动。该单元共 3 课。

“常见的工具”的主要内容是使学生认识一些常见的简单工具，了解其结构和功能，并通过实践活动初步练习使用图形尺、直尺、卷尺、剪刀、钳子、螺丝刀、胶带等简单工具。

“制作笔筒”的主要内容是利用废旧材料设计和制作笔筒。在这个过程中要继续练习使用尺、剪刀、胶带等常见的简单工具。

“展示与改进”的主要内容是在前面制作活动的基础上，组织开展作品的展示交流活动。希望学生亲历展示、介绍自己的作品，观摩、评价他人的作品，相互学习、相互启发，进而改进完善自己的作品的过程。

三、教学目标

（一）学科学业目标

1. 科学

（1）知道不同的材料具有不同的特性。

（2）知道材料、结构与笔筒功能之间的关系。

（3）了解制作笔筒的一般过程和方法，根据需求，提出有创意的方案，实施计划，利用工具和材料进行笔筒的加工和制作。

（4）能根据实际效果对笔筒进行迭代改进。

2. 数学

（1）通过实物和模型辨认简单的立体图形和平面图形，感知立体图形和平面图形的特点以及这两类图形的关联，经历图形的抽象过程，积累观察物体的经验，形成初步的空间观念。

（2）感悟长度作为基本量在实际生活和数学中的意义。

（3）体验测量工具的作用，初步感悟直观经验的局限性和测量工具的重要性。

3. 美术

（1）学会从外观和使用功能等方面了解笔筒的特点，针对笔筒的外形和使用功能等，提出自己的改进意见，进行装饰和美化，初步形成设计意识。

（2）会从形状、色彩、比例、材料和使用功能等方面进行评价。

（二）核心素养目标

1. 中国学生发展核心素养目标

（1）自主发展。能通过收集资料、对比观察，总结出笔筒的共同结构特征，进而提出创造性见解和方案；能独立思考、独立判断，对制作方案做出选择和决定。

（2）社会参与。尝试自主设计笔筒，体会创意设计的乐趣，有坚持不懈的探索精神；能大胆尝试，积极寻求有效的问题解决方法；利用工具和材料进行笔筒的加工和制作，具有工程思维，能将创意和方案转化为有形物品或对已有物品进行改进与优化。

2. 科学学科核心素养目标

（1）科学观念。知道不同的材料具有不同的特性；知道材料、结构与笔筒功能之间的关系；了解制作笔筒需要制定设计方案。

（2）科学思维。能对设计制作笔筒的不同观点、结论、方案进行质疑、批判、检验和修正，进而提出创造性见解和方案，具有初步的创新思维能力；能在教师指导下，反思设计制作笔筒的过程、方法和结果，并对自己和他人的作品提出改进建议。

（3）探究实践。了解制作笔筒的一般过程和方法，根据需求，提出有创意的方案，实施计划，利用工具和材料进行笔筒的加工和制作；能根据实际效果对笔筒进行迭代改进。

（4）态度责任。表现出对设计制作笔筒有兴趣；尝试自主设计笔筒，体会创意设计的乐趣；愿意倾听、分享他人的信息，乐于表达自己的观点。

（三）项目成果目标

（1）能根据驱动问题，设计调查问卷。

（2）能根据访谈结果和项目目标，用图示或模型表达自己的想法与设计。

（3）会使用工具对材料进行加工，按照设计方案制作出一个稳定、实用和美观的笔筒。

四、驱动问题

本次项目式学习的核心驱动问题设定为“如何为老师设计一个利于收纳、方便取用的笔筒呢？”，具体分解如表 3-5-2 所示。

表 3-5-2　驱动问题及成果

<table>
<tr><th>核心驱动问题</th><th>分解驱动问题</th><th>阶段成果</th><th>最终成果</th></tr>
<tr><td rowspan="4">如何为老师设计一个利于收纳、方便取用的笔筒呢?</td><td>笔筒是什么样的?</td><td>了解笔筒的结构</td><td rowspan="4">各种创意笔筒</td></tr>
<tr><td>老师需要什么样的笔筒?</td><td>设计调查问卷</td></tr>
<tr><td>什么样的笔筒利于收纳且方便取用呢?</td><td>选择合适的材料，生成设计方案</td></tr>
<tr><td>如何动手制作笔筒?</td><td>按照设计方案完成笔筒的制作</td></tr>
</table>

五、项目实施

（一）入项活动

我想要送给老师一个笔筒。

持续时间：1 课时。

教学活动：

（1）情景导入。

学生发现老师办公桌上的文具太乱了，于是想为老师亲手做一个笔筒。

设计思路：

学生发现的问题来源于真实的生活场景，这激发了学生学习的积极性和主动性。

（2）引出驱动问题。

以小组为单位成立设计团队：如何为老师设计一个利于收纳、方便取用的笔筒呢？

（3）教师引导学生讨论，根据驱动问题最终形成具体的问题。

①笔筒是什么样的？

②老师需要什么样的笔筒？

③什么样的笔筒利于收纳且方便取用呢？

④如何动手制作笔筒？

接下来引导学生针对这些问题，寻求解决方法。

（二）分解驱动问题 1

笔筒是什么样的？

持续时间：1 周。

教学活动：

（1）谈话。

我们要为老师设计一个笔筒，需要知道什么？

（2）提供一些真实的笔筒以供观察。

看一看、摸一摸、说一说笔筒的结构是什么样的。

（3）小结。

笔筒是由一个底面和侧面围起来的立体图形。

（三）分解驱动问题 2

老师需要什么样的笔筒？

持续时间：1 周。

教学活动：

（1）谈话。

因为我们是为老师设计笔筒的，所以还需要了解老师的具体需求是什么。怎样了解呢？我们可以通过访谈的形式来了解。

（2）讨论、汇报。

我们要为老师设计一个利于收纳、方便取用的笔筒，需要知道什么？

老师用笔筒放什么文具？老师喜欢什么样子的笔筒？可以用什么材料做笔筒？老师喜欢大的笔筒还是小的笔筒？……

请把具体的访谈问题写入调查问卷。

（3）学生设计调查问卷。

设计思路：

讨论是为了让他们能够得到一些适合访谈的问题。访谈获得的信息可以为他们后期设计提供重要参考。

（4）访谈老师，了解老师的需求。

设计思路：

了解老师的需求很重要，因为它使项目更具有真实性。老师的需求是学生进行设计的基础，也是后续对作品进行评价的标准。

（四）分解驱动问题 3

什么样的笔筒利于收纳且方便取用呢？

持续时间：1 周。

教学活动：

（1）选择材料。

准备材料：纸巾、A4 彩纸、卡纸、牛皮纸、塑料、木板。

提问：你打算选择什么材料，来做笔筒的底面和侧面？

预测：我打算选择卡纸做笔筒的底面，因为纸巾太软了；我打算选择牛皮纸做侧面，它相对于纸巾来说比较硬，能起到支撑作用，而相对于木板则较软，方便裁剪。

设计思路：

学生会根据材料的性能选择合适的材料，并进行设计。这一环节可以培养学生的比较思维，以及运用所学的材料概念知识解决材料选择问题的能力。

（2）用画图和拼摆模型的方式进行设计。

①甲老师的需求：我的签字笔太多了，我想要一个能装签字笔和橡皮的笔筒。

搭建支架：教师为学生提供真实的签字笔。

学生设计：学生会用签字笔来比一比或用尺子来量一量，以确定笔筒的高度。

设计思路：

将数学课中形成的测量意识和学到的方法应用到测量笔筒中，能够提升学生解决实际问题的能力。

学生改进：我们选择用 A4 彩纸做笔筒的侧面。通过比较、测量，我们发现这种纸太宽了，由此制作成的笔筒则太高，需要裁剪掉一部分；这种纸比较软，支撑的力度不够，需要用胶带加固。我们把橡皮放进去，发现不方便取用，于是又在笔筒旁边增加了一个矮筒……

②乙老师的需求：用笔筒放签字笔和毛笔。

学生以实物模型表达自己的设计。

学生改进：我们用 A4 彩纸做出笔筒模型，但在测试中发现这个笔筒放签字笔合适，对于毛笔来说太矮了，于是又根据毛笔的高度设计了一个高筒。但毛笔用过后是湿的，放在彩纸制作的笔筒里会把彩纸弄湿，于是我们又设计了塑料笔筒。

设计思路：

这一环节可以让学生知道笔筒的高度是根据文具的长短而设计的，制作笔筒的材料也应该考虑实际情况加以选择。

③丙老师的需求：想要一个漂亮的、有卡通动物图案的笔筒。

跨学科实践（美术）：学生将美术课上获得的知识和技能进行迁移，对笔筒的外观进行装饰，不断改进和创新。

设计思路：

运用多学科的知识技能更好地完成笔筒的设计。

（五）分解驱动问题 4

如何动手制作笔筒？

持续时间：1 周。

教学活动：

（1）同伴反馈。

为了完善他们的笔筒设计方案，小组之间交流讨论。两个小组可以结成对子，展示设计模型。他们可能会谈到老师的需求，以及他们是如何根据老师的需求进行设计的。从其他小组那里得到一些反馈，改进自己的设计方案。

设计思路：

交流设计方案是非常必要的，这是一个互相学习、互相启发的过程，可以有效避免制作中可能出现的一些问题，能够培养学生表达交流和反思评价的能力以及合作分享的态度。

（2）教师反馈。

模拟真实的产品设计方案汇报现场。教师坐在汇报组前面，其他小组倾听和观察汇报组和教师之间的互动。

设计思路：

观察教师和汇报组之间的互动，是为了让同学们知道如何思考问题。这样当他们返回自己的小组时，可以拿它作为一个汇报样例介绍自己的设计方案，同时还可以根据教师的建议进行迭代改进。

（3）学生练习用不同的方式来向访谈教师展示。

①向访谈教师介绍自己的设计方案。

②访谈教师反馈，根据自己当初提出的需求进行评价，并提出改进建议。

③学生根据访谈教师的反馈进一步改进自己的设计方案。

设计思路：

培养学生的语言表达能力、思维能力，以及自信、敢于表达的品质，这也是核心素养在课堂中渗透的体现。

（4）各小组将制作好的笔筒在全班展示。

同学们动手制作笔筒，并结合笔筒的材料、结构和功能等做出评价，最终将制作好的笔筒送给访谈教师，访谈教师评价孩子们的作品。

六、项目评价

本次项目式学习评价方案及相应评价量规如表 3-5-3、表 3-5-4 所示。

表 3-5-3　评价方案

主要产品 / 表现	知识 / 能力目标	证据	评价方式	评价时机
设计调查问卷	1. 能根据驱动问题，设计调查问卷，问题设计比较合理，对于后期设计笔筒有参考价值。 2. 访谈过程中，语言表达清晰，记录访谈教师的需求，注意文明礼仪。	调查问卷设计合理，格式正确，访谈语言清晰。	访谈教师及时反馈	形成性评价
生成设计方案	能根据访谈结果和项目目标，用图示或模型表达自己的想法与设计。	设计方案数据精准，比例准确，可操作性强。	生生互评、教师及时反馈	形成性评价
按照设计方案完成笔筒的制作	1. 会使用工具对材料进行加工，按照设计方案制作出一个稳定、实用和美观的笔筒。 2. 能根据测试结果，发现笔筒存在的问题，分析原因，提出改进方案，使笔筒符合项目需求。	按照设计方案进行制作，根据测试结果不断调整、改进。	生生互评、教师及时反馈	形成性评价

续表

主要产品 / 表现	知识 / 能力目标	证据	评价方式	评价时机
各种创意笔筒	1. 选择的材料比较合理，笔筒高度合适、结构稳定。 2. 符合访谈教师的需求，文具能分类摆放。 3. 笔筒功能多样，美观，有创意。	设计出符合教师需求且利于收纳、方便取用的笔筒。	教师及时反馈	形成性评价、终结性评价

表 3-5-4 项目评价量规

评价项目	☆☆☆	☆☆	☆	评价结果
访谈评价	1. 问题设计合理。 2. 语言表达清晰。 3. 访谈过程流畅、文明礼貌。	1. 问题设计简单。 2. 语言表达流畅。 3. 访谈过程文明。	1. 能设计一个问题。 2. 语言表达比较清晰。	
设计方案评价	1. 笔筒结构完整。 2. 选择合适的材料。 3. 能根据测试结果发现问题，及时调整设计方案。 4. 小组成员积极参与讨论。	1. 笔筒结构基本完整。 2. 材料选择单一。 3. 能根据测试结果发现一个问题，并做出调整。 4. 小组成员参与讨论。	1. 能制定简单的设计方案。 2. 材料选择单一。 3. 能根据测试发现一个问题，但不知道如何改进。 4. 只有少数组员参与讨论。	
制作评价	1. 能根据设计方案进行制作。 2. 制作过程中能够适当调整设计方案。 3. 能规范使用工具。	1. 能根据设计方案进行简单制作。 2. 能简单调整设计方案。 3. 能使用工具，但不熟练。	1. 基本能按照设计方案制作。 2. 工具使用不熟练。	
作品评价	1. 材料选择合理。 2. 笔筒高度合适，结构稳定。 3. 文具能分类摆放。 4. 美观、有创意。	1. 材料选择合理。 2. 笔筒高度合适，但结构不稳定。 3. 美观。	1. 材料选择比较合理。 2. 笔筒高度合适，但结构不稳定。 3. 美观性差、缺乏创意。	

七、项目反思

（一）教师反思

本单元借项目式学习，创设了真实的职业体验情境，激发了学生学习的积极性和主动性。本项目的学习是从明确任务、解决实际问题开始的。团队共同创造作品，这给了学生很大的自由度、更大的创造性。先明确驱动任务：如何为老师设计一个利于收纳、方便取用的笔筒呢？每个小组为一个设计团队，学生经过发现问题、设计调查问卷、访谈、设计、建立模型、测试改进、制作，最后展示本团队的自制笔筒。这呈现出了工程设计的一般过程，它是一个逐步完善的过程，能够使学生初步形成工程设计观念。这样，科学知识就不再是独立的、枯燥的理论知识，而是实现了科学知识与技术应用的结合。

本项目的重点是用图示或模型表达自己的想法与设计，使用工具对材料进行加工，按照设计方案制作出一个稳定、实用和美观的笔筒。于是，我联合了数学学科开展了教学实践活动。在数学课上，教师会通过实物和模型教学生辨认简单的立体图形和平面图形，引导学生感知立体图形和平面图形的特点以及这两类图形的关联，引导学生经历图形的抽象过程，积累观察物体的经验，形成初步的空间观念。我将数学思维模式迁移到科学课中来。学生通过观察，发现了笔筒的共同结构特点：笔筒是由一个底面和侧面围起来的立体图形。这一过程培养了学生抽象与概括，进而建构模型的能力。

学生根据项目需求，用画图和拼摆模型的方式来表达设计思路。画图是理性思考的过程，而拼摆模型的方式符合一年级学生的认知特点，能够以更加直观的方式培养学生的空间观念。但是设计多高的笔筒，对于学生来说是一个难点，于是我为学生搭建支架，提供真实的签字笔。有的学生会采用比一比的方式确定笔筒的高度，也有的学生用尺子进行测量，说明他们在数学课上已经初步形成了测量意识，并将这种意识和方法应用到测量笔筒中，提升了解决实际问题的能力。

在制作笔筒模型的过程中，学生发现模型在结构上存在不合理的地方，需要不断改进以弥补它结构上的缺陷，才能充分实现设想的功能。这一过程能够帮助学生形成“结构决定功能”的跨学科概念。学生根据教师的需求，对笔筒结构不断调整、优化，实现功能的合理性和多样性，从而对材料、结构与功能之间的关系有了更深入的理解。

本单元借项目式学习，将多学科融合，让学生初步了解了技术与工程实践活动的一般过程和方法，启蒙了学生的工程设计理念，培养了学生的核心素养。

（二）学生反思

在制作笔筒的过程中，我收获颇丰，我的动手能力得到了明显锻炼。一开始，在简单的材料裁剪中我都有些手忙脚乱，但随着制作的推进，我逐渐熟练掌握了剪刀、胶水的使用技巧，能够较为精准地处理各种材料，将零散的部件组合成完整的笔筒，这让我对自己双手的创造力有了新的认识。同时，我学会了如何在脑海中构思形状，并将其转化为实际物品，这培养了我的空间思维和规划能力。在选择装饰材料和搭配颜色时，我发挥了自己的审美能力。看到最终成品既美观又实用，我的内心满是成就感。然而，过程中也暴露出不少问题。在制作时，我过于追求速度，一些粘贴的部位不够牢固，影响了笔筒的整体质量，这让我明白做事情要沉稳扎实，不能浮躁。此外，当遇到材料拼接不吻合等困难时，我起初有些慌乱，缺乏冷静解决问题的能力。后来虽然解决了问题，但我也意识到自己在面对突发状况时应急处理能力有待提高。

这次笔筒制作对于我来说是一次宝贵的成长机会。日后，我会在动手之前做好完善的规划和准备，遇到问题先冷静思考解决方案，并且注重细节和质量，而非单纯追求速度。我相信这些经验能帮助我在未来的学习和生活中更加沉稳、出色地完成各项任务，让自己不断进步。

案例 6　走马灯的秘密

冯娟娟

天津经济技术开发区第一小学

一、项目简介

走马灯作为中华优秀传统文化的一部分，承载了丰富的历史和文化内涵。通过跨学科项目式学习的方式引导学生探索走马灯的秘密，深入了解走马灯的工作原理，并应用该原理制作出一盏转得快且会“讲故事”的走马灯，有助于推动中华优秀传统文化的传承和发展，让更多的人了解和喜爱中华优秀传统文化，增强对中华优秀传统文化的认同感和自豪感。在项目研究中，学生通过观察、实验、对比、分析等，探究走马灯的叶片数量、开口角度和位置等因素对走马灯转速的影响，并根据测试结果进行迭代优化。在最优条件下，结合故事的创编，走马灯不仅成为一件科学作品，更成为一件富有艺术气息和充满文化内涵的工艺品。这种深入的科学理解，有助于我们更好地认识世界，提高科学素养。项目推进过程中，教师充当指导者和辅助者的角色，帮助学生解决遇到的问题，培养他们的科学探究精神和团队协作能力。本项目信息如表 3-6-1 所示。

表 3-6-1　项目信息卡

基本信息	项目名称	走马灯的秘密
	项目持续时间	6 周
	核心驱动问题	如何制作一盏转得快且会“讲故事”的走马灯？
	学科	科学、数学、语文、美术
学生团队	项目年级	三年级
	实施团队	趣味科学社团
	参与人数	24 人
指导团队	项目设计教师	冯娟娟
	项目实施教师	科学教师（冯娟娟）、数学教师、语文教师、美术教师

二、项目依据

（一）现实依据

走马灯是中华优秀传统文化的一部分，其旋转原理与科学现象热对流密切相关。对走马灯的研究，可以帮助学生理解科学原理在现实生活中的应用，培养对中华优秀传统文化的兴趣。

（二）课标依据

本项目对应《科学课标》中“物质的结构与性质”“技术、工程与社会”“工程设计与物化”三个学科核心概念。其中，“物质的结构与性质”的内容要求为“观察并描述空气受热上升的现象”，学业要求为“能在教师指导下设计方案，观察空气受热上升的现象”，教学策略建议为“引导学生利用模型描述物质的结构，解释物质的性质及变化。3～4 年级，可帮助学生用直观模型说明空气受热膨胀上升的现象等”。

（三）教材依据

本项目源于教科版《科学》三年级上册“空气”单元的热空气会上升、空气流动形成风等内容，依据《科学课标》并结合教材，对教材单元部分内容进行重组与拓展。以“如何制作一盏转得快且会‘讲故事’的走马灯？”为核心驱动问题，引导学生用“热空气上升能提供走马灯转起来的动力”“叶片的倾斜方向会影响走马灯的转动方向”“叶片的数量、位置、开口角度和热量会影响走马灯的转速”等实验证据来解决问题。

三、教学目标

（一）学科学业目标

1. 科学

知道热空气上升能提供走马灯转起来的动力，并通过设计、制作和测试等活动，描述走马灯的叶片开口角度、位置、数量等与走马灯转速的关系。

2. 数学

在测试走马灯的叶片数量、开口角度和位置对走马灯转速的影响时，运用数学知识和方法进行数据分析和处理，提升数据分析与处理能力。

3. 语文

在创编故事的过程中，锻炼语言表达能力和文学素养，提升语文综合能力。深入了解走马灯作为中国传统民间艺术的一部分所承载的丰富历史和文化内涵，增强对中华优秀传统文化的认同感和自豪感。

4. 美术

通过编写故事与绘制小动物，设计制作出富有艺术气息和文化内涵的走马灯，提升审美能力和创造力。在制作走马灯的过程中，需要考虑叶片等组件的空间布局和比例关系，提升空间想象力。

（二）核心素养目标

1. 中国学生发展核心素养目标

走马灯设计与制作活动不仅融入了科学与人文知识的学习，而且促进了学生的自主发展和社会参与能力的提升，涵盖了中国学生发展核心素养的多个方面。

（1）文化基础。了解走马灯是中国传统民间文化的一部分，加深对中华优秀传统文化的认识和理解，丰富文化积累。在设计走马灯时，考虑美学因素，如色彩搭配、造型设计，提高审美意识和情趣。结合走马灯的历史价值和文化意义进行学习，增强对中华优秀传统文化的尊重和保护意识，具有人文情怀。

（2）自主发展。在制作过程中遇到问题时，通过质疑假设、实验验证，提升批判性思考的能力。在设计与制作的实践过程中，通过实际操作学会新知识，如热力学原理，掌握设计技巧，形成乐学善学的态度，并能够在反思中不断进步。珍爱劳动成果，同时在团队合作中拥有积极向上的生活态度，养成健全人格。

（3）社会参与。通过了解并传承中华优秀传统文化，增强社会责任感和国家认同感，促进国际理解，认识到中华优秀传统文化在经济全球化背景下的价值。在实践中创新设计，解决实际问题，如提升走马灯的转速，增强劳动意识，发展问题解决能力和对新技术的应用能力。

2. 科学学科核心素养目标

（1）科学观念。通过对走马灯的设计、制作和测试，深入理解热空气上升的原理，认识到热能转化为机械能的过程，形成对能量转换的科学观念。

（2）科学思维。在设计走马灯的过程中，运用逻辑思维和创造性思维，分析叶片开口角度、位置、数量等因素对走马灯转速的影响，发展科学分析和解决问题的能力。通过实验观察和数据分析，归纳出使走马灯转得更快的方法，形成基于实证的科学思维方式。

（3）探究实践。亲自参与走马灯的设计、制作和测试过程，通过实际操作来验证理论假设，发展科学探究的实践能力。按照科学的探究方法，从提出问题、建立假设、设计实验、收集数据、分析解释到得出结论，完整经历一次科学探究过程，提高科学探究的素养。

（4）态度责任。在制作走马灯的过程中，养成认真、细致、严谨的科学态度，在面对制作过程中的问题和挑战时，勇于尝试新的解决方案，不断改进和优化设计。了解走马灯是中国传统民间文化的一部分，认识到其背后的历史价值，从而提升对中华优秀传统文化的认同感，形成对中华优秀传统文化的保护和传承意识。

（三）项目成果目标

设计并制作各种类型的走马灯模型；根据对比数据，探究出影响走马灯转速快慢的因素，形成项目报告；创作出转得快且会“讲故事”的走马灯。

四、驱动问题

本次项目式学习的核心驱动问题设定为“如何制作一盏转得快且会‘讲故事’的走马灯？”，具体分解如表 3-6-2 所示。

表 3-6-2 驱动问题及成果

核心驱动问题	分解驱动问题	阶段成果	最终成果
如何制作一盏转得快且会“讲故事”的走马灯?	走马灯是如何转起来的?	1. 走马灯工作原理示意图。 2. 各种类型的走马灯模型。	转得快且会“讲故事”的走马灯实物。
	如何使走马灯转得更快?	1. 叶片倾斜方向与走马灯转动方向关系的项目报告。 2. 叶片的开口角度、数量、位置和热量与走马灯转速关系的项目报告。 3. 转得快的走马灯。	
	如何使走马灯能“讲故事”?	呈现小动物奔跑效果的灯筒，以及创编的故事。	

五、项目实施

（一）入项活动

认识走马灯。

持续时间：1 课时。

教学活动：

（1）介绍项目背景和目标。

（2）展示走马灯实物，激发学生对项目的兴趣。

展示作为中国传统民间艺术一部分的走马灯，结合所学内容，激发学生的探究兴趣。

（3）组建团队。

本项目的实施主体是参与课后服务的学生。依据“组间同质，组内异质”的原则，综合探究能力、操作能力、表达能力，将学生分为 6 个组，每组 4 人。每组设有管理员、材料员、记录员、监督员。项目实施、成果展示、评价以组为单位。

（二）分解驱动问题 1

走马灯是如何转起来的?

持续时间：2 周。

教学活动：

（1）观察与交流。

观察并交流走马灯的主要组成部分。

（2）观察与猜想。

如何使走马灯转起来？绘制走马灯工作原理示意图。

（3）设计与交流。

根据现有材料对走马灯叶片进行设计。比如，叶片开口位置（开在顶部还是侧面）、叶片开口方式（平开、斜开或竖开）。交流设计意图，形成设计方案。

（4）制作与测试。

对设计方案进行修改。选择材料（纸杯、点火枪、蜡烛、胶带、美工刀、细线、筷子、铁丝等，见图 3-6-1），按照修改后的方案完成制作并进行测试。

图 3-6-1 实验材料

（5）展示与分享。

只有上下两部分都开口且上半部分叶片倾斜、下半部分开口对称使空气对流，才能使走马灯转起来。（图 3-6-2）

图 3-6-2 “走马灯是如何转起来的？”的实验过程

（6）总结归纳。

根据现有材料设计的简易走马灯由两部分组成。上半部分，叶片以斜开的方式开在顶部或者侧面；下半部分，在杯身对称处各开一个通风口。点燃纸杯底部的蜡烛，热空气上升带动叶片旋转，走马灯就转起来了。

设计思路：

通过设计、交流和修改“使走马灯转起来”的方案，学生经历了工程设计的一般过程，知道热空气上升能提供走马灯转起来的动力，初步探究出能使走马灯转动起来的方法。

（三）分解驱动问题 2

如何使走马灯转得更快？

持续时间：3 周。

教学活动：

（1）探究影响走马灯转动方向的因素。

①观察与猜想：思考两盏开口位置、叶片数量都相同的走马灯转动方向不同的原因。

②交流与设计：根据实验材料再次设计实验方案。

③观察与实验：改变走马灯上半部分叶片的倾斜方向，观察走马灯的转动方向。（图 3-6-3）

图 3-6-3 叶片倾斜方向与走马灯转动方向的关系探究

④交流发现：走马灯叶片的倾斜方向影响其转动方向。叶片向右倾斜，走马灯顺时针旋转；叶片向左倾斜，走马灯逆时针旋转。即热空气上升的力量作用在叶片的右侧，走马灯就会顺时针旋转；反之，如果热空气上升的力量作用在叶片的左侧，走马灯则会逆时针旋转。

⑤形成项目报告。

（2）探究影响走马灯转速快慢的因素。

①观察与猜想：有什么方法可以使走马灯转得快些？

②交流与设计：设计使走马灯转得更快的实验方案。

③观察与实验：选择研究对象（叶片开口角度、叶片数量、叶片位置、热量、走马灯类型），按照实验方案，搜集证据。（图 3-6-4、图 3-6-5）

图 3-6-4 探究影响走马灯转速快慢的因素的实验过程

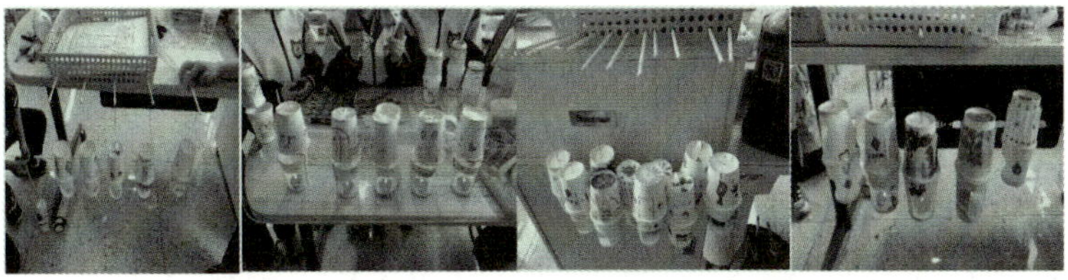

图 3-6-5　对比叶片位置、数量等因素对走马灯转速的影响

④交流发现：走马灯叶片开口角度与转速有关，当叶片数量和位置相同时，叶片开口角度在 60 度时，走马灯转得较快；走马灯叶片数量与转速有关，当叶片位置与开口角度相同时，叶片越多，转速越快；走马灯叶片位置与转速有关，当叶片数量和开口角度相同时，叶片位于顶部比叶片位于侧面转速更快；提供的热量越多（蜡烛距离叶片越近），走马灯转速越快。实验过程中还发现了新问题，提线式走马灯在转动过程中会因为摩擦力导致提线扭住，从而影响转速。为此，设计了顶针式走马灯来排除此影响。（表 3-6-3）

表 3-6-3　探究影响走马灯转动快慢的因素的实验结果

影响因素	对比条件	转速				
		慢	较慢	中等	较快	快
叶片开口角度	30 度		√			
	45 度			√		
	60 度					√
	90 度	√				
叶片数量	1 扇	√				
	2 扇		√			
	4 扇			√		
	8 扇				√	
	16 扇					√
叶片位置	顶部					√
	侧面			√		
热量（蜡烛距离叶片远近）	热量多					√
	热量少			√		
走马灯类型（提线式、顶针式）	提线式				√	
	顶针式					√

⑤形成项目报告。

设计思路：

通过探究影响走马灯转动方向的因素，我们得出叶片的倾斜方向与走马灯转动方向的关系。通过探究影响走马灯转速快慢的因素，我们知道叶片开口角度、叶片数量、叶片位置、热量与走马灯转速有关，探究出能使走马灯转得更快的最优条件。同时，在探究过程中，学生能够养成认真、细致、严谨的科学态度。

（3）根据实验结果，制作一盏转得快的走马灯。

（四）分解驱动问题 3

如何使走马灯能“讲故事”？

持续时间：1 周。

教学活动：

（1）设计与制作走马灯的灯筒。

①观察与猜想：探究走马灯转起来后，原本静止的“小马”看起来像在奔跑的原因。

②设计与交流：绘制走马灯灯筒图案，编写相关故事。（图 3-6-6）

③展示与分享：小组展示灯筒图案，其他小组提出改进建议。

④制作与测试：完成走马灯灯筒的制作，测试效果。

⑤展示与交流：教师组织学生进行交流展示，看其制作的走马灯灯筒能否呈现出小动物奔跑的效果。对失败的小组，鼓励其继续发现问题，修正作品。对成功的小组，给予其肯定并鼓励其分享作品的设计理念与制作过程。（图 3-6-7）

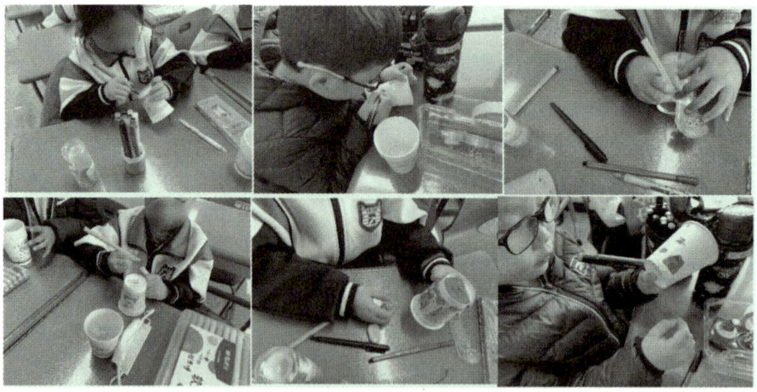

图 3-6-6 走马灯灯筒图案绘制过程

图 3-6-7 成果展示

（2）了解走马灯的历史和传承。

①观看视频并交流：了解走马灯的历史来源和发展历程。

②观察图片并交流：了解走马灯灯筒上隐藏的故事。

③思考与交流：如何改进走马灯的灯筒，形成作品的特色？

设计思路：

通过开展“设计与制作走马灯的灯筒”实践活动，学生能够将所学知识付诸实践，亲手创造出符合要求的走马灯组件，这一过程极大地提升了个人的动手实践能力，培养了团队间的协同合作精神。我们特设展示与交流环节，鼓励学生自豪地分享自己的创作成果，这一舞台不仅增强了学生的自信心，而且激发了他们的学习热情，营造了一种积极正向的学习氛围。

观看“走近走马灯传承人”视频资料及欣赏民间走马灯的珍贵图片，学生在追溯走马灯的历史源流中，深切感受到这种传统民间艺术的独特魅力，从而在文化的浸润下，对个人作品进行反思与再创造。在此启发下，学生能够主动提出创新改良意见，为自己的走马灯增添个性化特色，推动作品向更高级别的迭代升级迈进，实现了从知识学习到创新实践的跨越式成长。

六、项目评价

本次项目式学习评价方案及相应评价量规如表 3-6-4、表 3-6-5 所示。

表 3-6-4 评价方案

主要产品 / 表现	知识 / 能力目标	证据	评价方式	评价时机
1. 走马灯工作原理示意图。 2. 各种类型的走马灯模型。	1. 通过对走马灯的观察，理解走马灯工作的原理。 2. 能逐步完成走马灯的设计、制作、测试和改进，经历工程设计的一般过程，知道热空气上升能提供走马灯转起来的动力，初步探究出能使走马灯转动起来的方法。	1. 走马灯工作原理示意图正确。 2. 设计的方案中包含的走马灯类型多样。 3. 走马灯能够转动。	生生互评、教师及时反馈。	形成性评价
1. 叶片倾斜方向与走马灯转动方向关系的项目报告。 2. 叶片的开口角度、数量、位置和热量与走马灯转速关系的项目报告。 3. 转得快的走马灯。	1. 通过探究影响走马灯转动方向的因素，得出叶片的倾斜方向与走马灯转动方向的关系。 2. 通过探究影响走马灯转速快慢的因素，知道叶片开口角度、叶片数量、叶片位置、热量与走马灯转速有关。 3. 探究出能使走马灯转得快的最优条件，制作出一盏转得快的走马灯。	1. 实验结果记录准确、及时。 2. 能根据实验结果分析判断最优条件，并积极听取别人意见，使作品不断迭代升级。	1. 教师及时反馈。 2. 生生互评。评选出实验过程有序、实验结果有效的小组；评选出实验数据记录详细的报告；评选出转得最快的走马灯。	形成性评价
呈现小动物奔跑效果的灯筒，以及创编的故事。	1. 通过学习和观察，设计出能呈现奔跑效果的动物图案。 2. 创编故事并展示，锻炼表达能力。	1. 设计出的走马灯灯筒呈现出小动物奔跑的效果。 2. 创编的故事情节完整、有创意。 3. 充分表达自己的故事。	1. 教师及时反馈。 2. 生生互评。评选出故事创作达人，评选出表现力最佳组。	形成性评价、终结性评价

表 3-6-5 作品展示评价量规

团队名称	内容	汇报交流	倾听	互动	创新
	走马灯设计合理，能根据实验结果提高转速，能分享本组的走马灯作品的设计理念以及制作过程中遇到的困难和改进措施。	观点阐述明确，能清楚表达设计思路与实验验证的过程，汇报条理清楚，声音洪亮，大方得体。	认真倾听，做好记录，及时评价。	能够解答他人的提问，互动积极，小组成员相互配合。	走马灯图案设计有特色，走马灯故事情节完整、有趣。
	☆☆☆☆☆	☆☆☆☆☆	☆☆☆☆☆	☆☆☆☆☆	☆☆☆☆☆
	☆☆☆☆☆	☆☆☆☆☆	☆☆☆☆☆	☆☆☆☆☆	☆☆☆☆☆
	☆☆☆☆☆	☆☆☆☆☆	☆☆☆☆☆	☆☆☆☆☆	☆☆☆☆☆

七、项目反思

（一）教师反思

本项目成功深化了学生对热对流原理的掌握程度，使学生能够熟练运用所学理论解决现实生活中的问题。在项目推进的过程中，学生不仅展现了卓越的团队协作精神，而且还共同构筑了一个充满活力与创意的学习环境。同时，教师也发现在实验设计的严谨性和数据分析的精确度上存在提升空间。未来教学中，我们将加强对这两方面的指导与训练，以培养学生的科学严谨思维和数据处理能力。同时，探索更多融合中华优秀传统文化精髓的科学教育项目，搭建一座桥梁，连接古老智慧与现代科技，全方位促进学生的知识整合、创新能力与文化素养的协同发展。

1. 融合中华优秀传统文化与现代教育理念的创新实践

本项目立足于走马灯这一经典传统手工艺品，将其深厚的文化底蕴与现代科学、技术、工程、艺术、数学（science，technology，engineering，arts，mathematics，STEAM）教育理念巧妙融合，通过精心设计的项目式学习路径，引领学生深入探索走马灯的历史背景、科学原理及制作技艺。在动手实践中，不仅加强学生对中华优秀传统文化的认知与情感联结，而且还激发他们在设计、创造中运用跨学科知识解决问题的能力，培养既具有文化底蕴又适应时代发展的复合型视野。

2. 系统化的工程思维与科学探究训练

从初步设计到成品调试，学生全程参与走马灯的制作流程，这不仅是一次工程项目的实践，更是一次科学思维的深度历练。学生在设计优化叶片结构、创造有故事性的走马灯的过程中，需要不断运用科学方法进行假设、实验、分析和验证。这一系列循环迭代不仅锻炼了他们的逻辑思维与批判性思考能力，而且还促进了创新思维的发展，使科学探究成为一种习惯性的思维方式。

3. 全面能力塑造与个性化成长体验

项目不仅仅聚焦于技能的获取，更重视学生综合能力的培养和个人特质的展现。在制作走马灯的过程中，学生不仅学习了工程技能、时间管理和团队协作，而且在不断试错与反思中增强了自我驱动力和解决问题的能力。此外，每个学生根据个人兴趣与创意制作的走马灯，都是独一无二的。这一过程鼓励个性化表达，提升了学生的自信心和成就感，让他们在实践与创新中实现个人价值的增值。

（二）学生反思

通过本次项目式学习活动，我了解了走马灯的工作原理。原来，蜡烛燃烧产生的热空气上升，可以推动叶片旋转，使灯筒上的小动物图案呈现出跑起来的景象。在学习的过程中，我不仅掌握了走马灯的基本制作步骤，而且学习了如何调整叶片的开口角度和位置，以确保灯内空气流动顺畅，使走马灯能够持续稳定地旋转。

同时，我也对中华优秀传统文化的魅力有了更深的体会。走马灯作为一种传统的民间工艺品，不仅展现了古代人民的智慧和创造力，而且蕴含了丰富的文化内涵。通过制作走马灯，我更加珍惜和尊重中华优秀传统文化。

对我们小组制作的走马灯，我总体上是满意的。我们认真探究了使走马灯转得快的方法，精心设计了灯筒上的图案，并在制作过程中不断尝试和调整，最终制作出了一个转得快且会“讲故事”的走马灯。我们也意识到我们的作品还存在一些不足之处。比如，材料不够轻盈，导致旋转时有些吃力；叶片的开口角度还需要进一步调整，以优化旋转效果等。我们还可以考虑在灯筒上增加一些装饰元素，如彩带或流苏等，以增加走马灯的艺术效果和观赏性。

在调试走马灯旋转效果时，我们遇到了一些困难。我们通过不断尝试和调整叶片的开口角度和位置，最终使问题得到了很好的解决。这些经历让我深刻体会到，只有耐心和细心地解决问题，才能取得最终的成功。

在小组间交流讨论的过程中，我受到了很多启发。每个小组都有独特的创意和设计理念，他们的作品也各具特色。同时，我也深刻认识到团队合作的重要性。只有大家齐心协力、共同努力，才能实现最终的目标。

案例7 私人定制乐器

邓雪琴 张媛
成都市龙泉驿区天鹅湖小学

一、项目简介

一段美妙的音乐能治愈人心，尤其是用自己设计的乐器来演奏更能展示音乐的奇妙。声音虽然无形无质，但蕴含着丰富的信息。在三年级的音乐课“制作小乐器”上，学生制作的乐器只是外形像乐器，但没有乐器的功能，也就是说不能演奏。通过对学生和音乐教师的访谈，我发现学生对于乐器的认识停留在表面层次，即他们知道乐器是什么样的，但并不了解其背后的原理，甚至很多乐器他们都没有操作过。尽管学生已经掌握了一些基础乐理知识，但对于乐器如何产生声音以及如何改变声音，他们主要依赖日常生活经验，缺少必要的科学理论知识。基于真实情境和学生学情，确定本次活动主题是：制作小乐器并完成音乐演奏。历时 6 周，学生经历了确定驱动问题、进行知识架构、绘制设计图、工程制作、展示交流五个阶段，在活动过程中培养问题意识、合作探究精神、问题解决能力、创新意识等。本项目信息如表 3-7-1 所示。

表 3-7-1 项目信息卡

基本信息	项目名称	私人定制乐器
	项目持续时间	6 周
	核心驱动问题	如何制作一个能演奏的专属乐器?
	学科	科学、艺术、语文、数学
学生团队	项目年级	四年级
	实施团队	四年级 1 ～ 14 班
	参与人数	700 人
指导团队	项目设计教师	邓雪琴、张媛
	项目实施教师	邓雪琴、张媛

二、项目依据

（一）现实依据

声音看不见摸不着，但从中我们可以发现很多信息。学生在探索生活中声音的过程中，不禁发出疑问：声音到底是怎么来的？为什么会有变化？歌声和物声有区别吗？经过理论学习，学生可以对声音的产生、传播、高低和强弱等有比较全面的认识，进而探究更多影响音高的因素。

加上学校将举办年级流动音乐会，需要同学们自制乐器参加活动。所以，本项目的开展可以唤起学生的创造意识，激活学生的创造思维，培养学生的创造能力，充分调动学生的探索热情。

（二）课标依据

课程内容依据《科学课标》中“工程设计与物化”板块，适合运用工程设计思维进行教学。《义务教育艺术课程标准（2022 年版）》对小学 3～5 年级学生提出了“选择身边的材料，自制简易乐器，尝试演奏”的内容要求。

（三）教材依据

教科版《科学》四年级上册“声音”单元，涉及两个跨学科概念“物质与能量”“结构与功能”，三个学科核心概念“物质的运动与相互作用”“技术、工程与社会”“工程设计与物化”，聚焦“声音因物体振动而产生，通过物质而传播”。

三、教学目标

（一）学科学业目标

1. 科学

亲身感知声音的变化，能够通过简单的实验了解物体发出声音的强弱与其振动的幅度有关系、发出声音的高低与其振动的频率有关系。振动幅度越大，声音就越强；振动频率越小，声音的音调就越低。能够运用多种材料产生声音并创造不同音调的声音。经历设计、制作、调整、展示小乐器的过程，将科学与技术紧密结合，体验演奏的乐趣和成就感。

2. 艺术

通过了解乐器的分类和基本组合，学习各种乐器的发声原理。学习运用不同的材料制作乐器，培养设计意识和动手制作能力，激发创造力和创新意识，体会制作的乐趣。

3. 语文

与人交流能尊重、理解对方。乐于参与讨论，敢于发表自己的意见。表达有条理，语气、语调适当。对周围事物有好奇心，能就感兴趣的内容提出问题。结合语文学习，用口头或图文等方式表达自己的情感。

4. 数学

运用数学知识寻找比例，进行计算与调试等过程，优化小乐器。

（二）核心素养目标

1. 中国学生发展核心素养目标

（1）科学精神。学习、理解、运用有关声音产生和改变的科学知识与技能等，能理性探究并分析发声原理，并在不断试错中获得成功，在互动交流彼此制作的发声乐器中，发展批判质疑的能力。

（2）学会学习。在设计并制作发声乐器中，通过对进程的评估调控，勤于反思，不断调整创新，增强学习能力。

（3）实践创新。在习得知识后，综合运用所得知识来进行乐器的设计和制作，在一次次失败中吸取教训，解决新问题，在挑战中形成实践能力。

2. 科学学科核心素养目标

（1）科学观念。知道声音由物体振动产生，改变物体振动可以改变声音的音量和音高。人耳中的鼓膜能感应声波并振动，进而传到耳内，引起听觉。

（2）科学思维。能运用多种材料产生声音，并通过归纳总结出声音是由振动产生的，从而提升归纳推理能力；能通过对声音的传播、声音的变化的进一步探究，发展因果探究的科学思维；能运用概念，进行乐器创作，发展科学技术思维。

（3）探究实践。能从对具体现象和事物的观察、比较中，提出可研究的科学问题；能依据证据运用分析、比较、推理、概括等方法，分析结果，得出结论；能运用所学知识，制订探究计划；能分享自己的探究过程并与他人进行分享，倾听他人意见；能对自己探究的过程、方法、结果进行反思，做出自我评价与调整。

（4）态度责任。能在好奇心驱使下表现出对现象和事件产生的条件、过程、原因等方面的探究兴趣，发展对声音的兴趣；乐于尝试运用多种材料、多种思路、多种方法完成科学探究，并从中体会创新的乐趣。

（三）项目成果目标

制作能发出至少 5 个音的小乐器。

四、驱动问题

本次项目式学习的核心驱动问题设定为“如何制作一个能演奏的专属乐器？”，具体分解如表 3-7-2 所示。

表 3-7-2　驱动问题及成果

核心驱动问题	分解驱动问题	阶段成果	最终成果
如何制作一个能演奏的专属乐器？	如何让乐器发出不同的声音且呈现音阶变化？	掌握理论知识	发出至少 5 个音的小乐器
	如何设计我的专属乐器？	形成设计图	
	如何制作我的专属乐器？	制作乐器成品	
	如何展示并演奏我的专属乐器？	录制演奏视频	

五、项目实施

（一）入项活动

认识乐器。

持续时间： 1 周。

教学活动：

（1）根据学生已有水平发布任务：我们将举办年级流动音乐会，要求用自制乐器弹奏出至少 5 个音，并挑战音乐演奏。出示项目评价量规，要求学生根据项目评价量规监控自己的学习。

（2）谈话了解学生在音乐课上制作小乐器的经验和发现。

（3）借助多种乐器开展“听声辨物”活动，并邀请学生尝试乐器演奏，让学生在活动中认识更多乐器。

（二）分解驱动问题 1

如何让乐器发出不同的声音且呈现音阶变化？

持续时间：2 周。

教学活动：

（1）头脑风暴。

组织头脑风暴，激发学生思考，让他们自由提出完成“制作一个能演奏的专属乐器”这个任务可能涉及的所有子任务和需要考虑的问题。

（2）任务列表。

根据头脑风暴的结果，整理出一份待完成的任务列表，并明确每个任务的目标和要求。

（3）问题解答。

鼓励学生在动手实践前自行解答他们所列出的问题。通过查阅研究资料、开展研究实验或求助于同伴和教师来获得答案。

（4）知识架构搭建。

①了解发声原理。

借助钢尺、鼓、皮筋，并通过录制慢镜头视频等方式探究物体发声的原理。

②了解声音的传播原理以及我们如何听到声音。

借助音叉、耳朵模型等探究我们听到声音的原理。

③了解声音的变化：强弱、高低的变化。

借助鼓面、吉他、钢尺、皮筋、尤克里里等探究声音高低、强弱的秘密。

④了解乐器发出不同声音的原理。

借助大小不同的鼓、吉他，以及不同的提琴等多种乐器进一步探究乐器声音高低的秘密。

设计思路：

提供必要的理论知识，如声音产生的原理、声音高低和强弱等属性的变化规律和方法，确保学生有足够的知识背景去理解乐器的工作原理，探究哪些因素影响音高变化，初步进行知识运用。通过这样循序渐进的过程，学生不仅能够深入理解音乐和声音产生的科学原理，而且能够在实践中学习如何将知识应用于实际问题的解决，培养工程思维和创新能力。

（三）分解驱动问题 2

如何设计我的专属乐器？

持续时间：1 周。

教学活动：

（1）小试牛刀，初步尝试设计简单的乐器。

①播放网络自制乐器视频，收获灵感和动力。

②提供简单的材料（纸箱和橡皮筋）以及清晰的设计表格，让学生尝试设计简单的乐器。

（2）分享交流。

学会绘制设计图。其他同学对设计者提出一些相关问题，看此设计是否满足要求，以此促进设计者进一步优化设计图。

设计思路：

整合所学知识，利用相关知识尝试设计简单乐器。提供清晰的设计表格，不仅能为学生的设计提供具体的方向，而且能帮助他们系统化地规划自己的创作过程。交流探讨的过程能够提高思维的严谨性，促进语言的表达。

（四）分解驱动问题 3

如何制作我的专属乐器？

持续时间：1 周。

教学活动：

（1）材料准备。

学生根据设计图收集所需材料。课堂上，教师也应准备丰富的材料供学生使用，确保学生可以有足够的资源来实现他们的设计。

（2）课堂制作。

在有限的课堂时间内，学生尽可能完成乐器的主要部分的制作。对于那些较为复杂的步骤，若学生在课堂上难以完成，则应鼓励学生在课后的时间里继续努力。

（3）迭代与优化。

学生在初步完成作品的制作后，会对之前的设计图做出修改。给予时间让学生进行迭代优化。除此之外，教师应搭建支架帮助学生理解如何调整设计以改善乐器的性能。引导学生记录自己的乐器存在的问题，并寻找修改的方法。（图 3-7-1）

图 3-7-1 制作乐器

设计思路：

通过这样的工程制作环节，学生不仅能够加深对声音产生的原理和乐器构造的理解，而且能够体验到从设计到成品的完整制作过程，从而培养工程思维、创新能力和实际操作技能。

（五）分解驱动问题 4

如何展示并演奏我的专属乐器?

持续时间：1 周。

教学活动：

在学生完成制作和优化后，就到了展示交流环节。我们鼓励学生在年级流动音乐会上进行展示。

（1）广泛展示。

邀请愿意大胆尝试的学生进行演奏，形成良好的学习氛围。将学生制作的乐器带到其他班级进行展示，让更多的同学看到这些作品，从而激发更多学生的创造力和学习兴趣。（图 3-7-2）

图 3-7-2　现场演奏

（2）视频录制。

录制学生的演奏视频并在全年级播放。这种方式不仅记录了学生的学习历程，而且为那些未能到现场观看的学生提供了观摩的机会，也为学生留下了难忘的回忆。

设计思路：

通过多种方式的展示，学生不仅有机会展现个人才能，也学会了与他人分享和交流自己的创作。这个活动增强了学生的表达能力、批判性思维能力，展现了团队合作精神，给学生带来了一次综合性的成长体验。

六、项目评价

本次项目式学习评价方案及相应评价量规如表 3-7-3 至表 3-7-5 所示。

表 3-7-3　评价方案

主要产品 / 表现	知识 / 能力目标	证据	评价方式	评价时机
掌握理论知识	1. 知道声音是由物体振动产生的；知道声音的传播途径；知道物体的振动可以改变声音的强弱、高低。 2. 能通过各种实验探究声音与振动的关系。	对相关问题对答如流。	教师及时反馈	形成性评价
形成设计图	1. 能利用相关知识设计简单乐器。 2. 绘制设计图，并选用合适的材料来完成设计。	设计图具体直观，可操作性强。	教师及时反馈、生生互评	形成性评价
制作乐器成品	1. 能对自己的作品进行质疑和修正，更新迭代作品。 2. 能基于设计图完成乐器制作，并能调试乐器。 3. 乐于参与整个过程，善于倾听他人观点，对作品进行改进。	乐器的美观性、实用性、音准性、原创性。	生生互评	形成性评价、终结性评价
录制演奏视频	能现场演奏。	曲目完整、声音动听。	教师及时反馈	形成性评价、终结性评价

表 3-7-4　项目评价量规

团队名称	提出问题	项目过程	合作交流	项目成果
	能对如何制作小乐器提出自己的看法和问题。	1. 认真参与项目过程，掌握制作乐器必备的知识：知道声音是如何产生、传播的，如何改变声音的高低、强弱。 2. 认真完成乐器设计，绘制设计图，并根据设计图完成乐器制作。	乐于交流分享项目过程、结果，善于与队友合作，并认真倾听他人意见。	能够收获良好的项目知识成果和项目物化成果。
	☆☆☆☆☆	☆☆☆☆☆	☆☆☆☆☆	☆☆☆☆☆
	☆☆☆☆☆	☆☆☆☆☆	☆☆☆☆☆	☆☆☆☆☆
	☆☆☆☆☆	☆☆☆☆☆	☆☆☆☆☆	☆☆☆☆☆

表 3-7-5　乐器成品评价表

项 目	内容	1 颗星	2 颗星	3 颗星
音准性	能发出准确的声音	能发出 5 个音	能发出 6 个音	能发出 7 个音
实用性	能演奏曲目	演奏困难	演奏较为流畅	演奏流畅
原创性	作品原创，节约成本	使用购买的材料	材料复杂，成本较高	材料易得，节约成本
美观性	制作精美，便于保存	制作一般，不利于保存	制作一般，较易保存	制作精美，容易保存

七、项目反思

（一）教师反思

1. 问题来源于真实情境

项目驱动问题来源于学生的真实生活：学校将举办年级流动音乐会，需要学生自制乐器参加。学生在之前的音乐课上制作过小乐器，以此为切入点，学生更容易产生共鸣，从而激发他们的学习兴趣。学生会觉得所学知识与现实生活紧密相关，更愿意投入时间和精力去学习。学生可以将所学知识应用到实际生活中，从而提高自己的实际操作能力和解决问题的能力。

2. 关注学生

学生是一个有机的整体，不仅有生活的经验，更有其他学科学习的经验。教师除了关注科学本身的知识、经验外，还应关注其他学科的知识，这更有利于学生整体知识的架构和能力的全面发展。

3. 用评价监控过程

项目的持续时间较长，采用评价的方式有利于学生监控和调整自己的学习过程，从而以良好的状态参与到项目中。

4. 营造良好的氛围

除了评价的监控，在项目实施的过程中，我还适时邀请学生进行乐器表演分享，同时，我也准备了一些不常见的乐器。这种做法既可以形成良好的整体学习氛围，还可以让学生认识、了解更多的乐器，有利于学生制作多种多样的乐器。

通过制作小乐器，学生可以在“像科学家一样探究、像工程师一样实践”的学习过程中，体验从知识到作品的创新，获得从设计到制作的技能，亲历从原型到迭代的提升，丰富对声音的理解，建构改变物体的振动频率可以使它发出高低不同的声音这一概念，同时激发创造才能，培养科学学习的兴趣。通过不断设计、制作、测试，学生发展了坚持不懈的科学品质和严谨细致的科学态度，以及运用科学、数学等综合知识解决问题的能力。

在教学过程中，学生的好奇心和兴趣被充分激发，他们开始主动观察身边的物体，探索如何让它们发出不同的声音，并尝试调整声音的高低和强弱。这种探究活动不仅增强了学生的学习动力，而且帮助他们理解了科学的规律性和创造性。

“为未知而教，为未来而学。”教育的目的不仅是传授现有的知识，更重要的是培养学生对未来未知问题的解决能力，激发他们对终身学习的热情，为迎接未来的挑战做好准备。我想作为教师的我们可以多多尝试各种途径。

（二）学生反思

在整个活动中，我觉得设计和制作乐器给我带来了很多快乐，锻炼了我的动手能力和综合实践能力。我为我制作了一把专属于自己的弹拨乐器——小吉他而感到骄傲。在制作前，我了解了声音产生的原理，我以弦的振动频率不同则音调高低不同为原理来制作我的小吉他。设计和取材比较容易，但到了制作的时候，我发现要使弦发出一定的声响，弦就得绷得紧紧的。解决这个问题花了我不少时间，我还请教了同学、老师和我的爸爸妈妈。

在生生互评环节，同学们给了我很多改进建议，我进行了修改与调整，得到了一把不错的专属小吉他。

我对自己充满了信心，希望未来可以创造出更多既有趣又美妙的事物。

案例8 印记中国汽车工业人物 赓续中国汽车科技薪火

张建颖
北京市东城区黑芝麻胡同小学

一、项目简介

中国汽车工业的成长凝聚着几代汽车人的集体智慧，饱含着汽车工业每一代创业者的心血。时代变迁，中国汽车人用他们的使命、情怀、匠心，与时代、国家同频共振。如今，这个故事仍在继续，一代代汽车人将这种精神薪火相传。围绕中国汽车的发展史以及借助汽车车体局部结构的发展应用，我们对学生进行了党史学习教育，让学生了解我国汽车各部件的发展历程，这是科学、技术、工程、艺术、数学多学科融合的综合教育设计理念的实践。此外，我们还进一步借助混合现实（mixed reality，MR）技术对车体结构进行了整合式学习。结合校外场馆的使用，学生来到汽车博物馆了解中国汽车工业发展史。我们通过讲述科学家背后的故事，借助青少年乐于动手的 Greenpower 绿色能源车创新科技教育项目，跨学科激活旧知、启发新知，引导学生思考在中国汽车工业的创新发展中，在弘扬新时代科学家精神的过程中，如何设计制造一辆赓续新时代科技薪火的“薪”能源汽车。我们通过与中国工商界知名企业（如中国第一汽车集团有限公司、北京汽车集团有限公司）合作，在国内研发和启动高质量的中小学生创业课堂，以促使学生在社会环境中承担起相应的社会角色，利用面对面的体验性课程，提升学生的综合素质，培养他们的品格、创造力和领导力，真正把学问和人格融合在一起，培育和弘扬科学家精神。本项目信息如表 3-8-1 所示。

表 3-8-1 项目信息卡

基本信息	项目名称	印记中国汽车工业人物 赓续中国汽车科技薪火
	项目持续时间	24 课时（20 课内课时 +4 课外课时）
	核心驱动问题	如何设计一辆中国特色的“薪”能源汽车？
	学科	科学、物理、数学、信息科技、美术、语文、英语

续表

<table>
<tr><td rowspan="3">学生团队</td><td>项目年级</td><td>四至六年级学生</td></tr>
<tr><td>实施团队</td><td>绿色能源汽车社团</td></tr>
<tr><td>参与人数</td><td>18 人</td></tr>
<tr><td rowspan="2">指导团队</td><td>项目设计教师</td><td>张建颖、张俊义、张洪玉、孟昭夏、王慧慧、王天、付晨、胡佳、商晶</td></tr>
<tr><td>项目指导教师</td><td>赵丹阳、郑颖、路虹剑</td></tr>
</table>

二、项目依据

（一）现实依据

现今，电脑、机器人、人工智能、生物科技等已经逐渐改变人类的生活方式和工作模式，现在很多职业也可能逐一被科技取代。中国本土教育中，学生从小学到大学接受的大部分是单一学科的知识和技能，较少接受跨学科的融会贯通的教育，缺少举一反三、创新应用的能力。这也是我们需要弥补的不足。Greenpower 绿色能源车创新科技教育项目源于小学阶段对学生进行的职业生涯规划的初步设想。为了让学生能够成为职业中的科学家、能工中的政治家、巧匠中的演说家、工匠中的企业家，我们积极培养学生解决实际问题的能力、批判性思维能力、创造能力、判断及决策的能力、认知沟通能力和团结协作能力，这恰恰也是学生步入职场所需的主要技能。学生不仅需要具备学科学习能力，而且需要具备学科知识间的共通能力。课程聚焦核心素养，使用项目式学习与 STEAM 学习相结合的方式促进学生能力发展，对于培养学生的科研创新能力、动手实践能力也是非常有利的。从培养分析能力的角度看，STEAM 是一种非常好的学习方式和教育方式。有些国家甚至把 STEAM 教育上升到国家战略的层面，把这种能够培养具有未来竞争力人才的教育方式放在首位。本项目在原有科学课程中以跨学科进行项目式学习的模式推行 STEAM 教育，从中培养学生对科学及科技的兴趣，更重要的是培育学生在未来社会所需的综合创新思维能力，其中除包括解决实际问题的能力、批判性思维能力、创造能力、判断及决策的能力、认知沟通能力、团结协作能力等共通能力外，还有在经济全球化、数码虚拟世界及本土多元化文化环境下所需要的包容、尊重。

（二）课标依据

《科学课标》提出科学课程应使学生初步认识科学的本质，运用所学的知识和方法解决真实情境中的问题。这个过程类似于科学家进行完整探究的工作过程。在教学中具体表现为通过对学生的观察、描述、解释等行为的关注，培养学生的科学素养。以物质的结构与性质，能的转化与能量守恒，技术、工程与社会，工程设计与物化等学科核心概念为内容进行项目式探究活动，在学习过程中培养与发展学生的科学观念、科学思维、探究实践、态度责任等核心素养，加深对知识的理解和运用，培养学生的应用意识。

《义务教育数学课程标准（2022 年版）》提到用数学的眼光观察现实世界，用数学的语言表达现实世界，用数学的思维思考现实世界。本项目学生运用数学图形与几何、统计与概率的知识方法进行问题解决，能够加深对相关知识的理解，发展数据意识、应用意识等核心素养。同时，学生还会运用数学学科中长度与测量、统计表知识监测“薪”能源汽车的性能参数。

《义务教育物理课程标准（2022 年版）》提到研究物质的基本结构、相互作用和运动规律，通过科学观察、实验探究、推理计算等，对材料、能源、环境和信息等领域的科学技术进步起到推动作用。项目实施中，学生从物理学视角认识自然、解决相关实际问题，突出问题导向，有助于发展分析问题、解决问题的实践本领和科学思维能力。

《义务教育艺术课程标准（2022 年版）》提到让学生在艺术学习中培育审美和人文素养。项目实践中，学生经历了设计车体外观展现创意实践美，融合文化元素丰富理解美。学生观察自然、了解社会、感悟人生，用有组织、有意义的艺术语言表达思想，有助于提升创意实践能力。

（三）教材依据

“印记中国汽车工业人物　赓续中国汽车科技薪火”项目涉及的相关内容主要分布

于科学、物理、数学、信息科技、美术等学科。主要内容分布如下：科学教材中涉及物质的结构与性质，能的转化与能量守恒，技术、工程与社会，工程设计与物化等相关知识，以及观察、测量、探究实验、分析数据、绘图、工程设计等研究方法；物理教材中涉及物质的基本结构、相互作用和运动规律，以及科学观察、实验探究、推理计算等相关知识与方法；数学教材中涉及测量、统计表、统计图、收集数据、数学模型等相关知识与方法；信息科技教材中涉及数据编码探秘、小型系统模拟等相关知识与方法；美术教材中涉及造型与表现、设计与应用等相关知识与方法。学生已具备一定的知识储备与学习经验，对项目的高质量完成具备一定的基础。

三、教学目标

（一）学科学业目标

1. 科学

模拟工程设计的过程，学会使用工程工具，掌握车体各部分的结构与功能。

2. 物理

通过调整性能参数使车辆性能达到最优，根据能量的转化方式探究未来能源多样化趋势及新能源汽车的发展。

3. 数学

运用图形、长度测量数据、统计表监测“薪”能源汽车的性能参数。

4. 信息科技

运用 MR 技术重塑“薪”能源汽车的结构，体验科学家解决实际问题和制造产品的过程。

5. 美术

掌握工程设计中模型绘制的方法，能够解读设计图。

6. 语文、英语

研学新时代科学家亲历的故事，科学地描述和解释汽车发展过程。

（二）核心素养目标

1. 中国学生发展核心素养目标

（1）人文底蕴。科学地对事物进行描述和解释，用有意义的语言多方面表现物化成果，形成正确的情感态度和价值取向。

（2）科学精神。树立当科学家、教育家的梦想，激发潜能，提升品格和丰富知识技能。

（3）学会学习。了解科学家如何改进部件以解决实际问题以及怎样利用数字化信息联通真实车体结构部件和虚拟车体部件来制造产品。

（4）实践创新。跨学科整合所学知识，设计制作一辆“薪”能源汽车，并养成通过“动手做”解决问题的习惯。

2. 科学学科核心素养目标

（1）科学观念。能以团队形式绘制设计图，准确连接各部件，正确安全地利用工具物化产品。

（2）科学思维。能从不同角度分析、换位思考问题，提出新颖、有价值的观点和解决问题的方法。

（3）探究实践。能自主按照车体结构设计图和车体外观设计图制造实体汽车；能通过信息技术重塑车体结构，追溯制造流程。

（4）态度责任。制造过程中养成认真、细致、严谨的科学态度；敢于尝试新的解决方案，应对实践过程中的问题和挑战，不断改进和优化物化成果设计；车体外观设计融入中国特色文化元素，增强民族自豪感和文化自信，形成对中华优秀传统文化的保护和传承意识。

（三）项目成果目标

绘制车体结构设计图、车体外观设计图，形成车体工程技术手册；最终，制作完成“薪”能源汽车。

四、驱动问题

本次项目式学习的核心驱动问题设定为“如何设计一辆中国特色的‘薪’能源汽车？”，具体分解如表 3-8-2 所示。

表 3-8-2 驱动问题及成果

核心驱动问题	分解驱动问题	阶段成果	最终成果
如何设计一辆中国特色的“薪”能源汽车?	能源汽车有什么特点?	车体结构设计图	能源汽车
	制造能源汽车需要选择哪些具有可操作性的工具?	工具使用记录单、车体工程技术手册	
	如何驱动车体（转向、刹车、动力）?	车辆实测	
	如何检验车体结构的安全性?	车体复检（MR 技术检测）	
	如何设计能体现中国特色文化的能源汽车?	车体外观设计图	
	如何展示和推广我们的“薪”能源汽车?	宣传海报	

五、项目实施

（一）入项活动

了解中国汽车工业。

持续时间：2 课时。

教学活动：

学生持有“Made in China”字样的汽车构件图片前往汽车博物馆，了解中国汽车工业早期发展史及汽车人精神。回顾中国汽车工业的过去，了解中国汽车工业当今在工程技术及设计制造领域的发展。

设计思路：

回顾历史是促进现实发展的有力手段。学生在真实情境中以第三者身份回溯汽车工业发展史，有利于形成对科学、技术、工程和数学各领域的概念的深刻理解。

（二）分解驱动问题 1

能源汽车有什么特点？

持续时间：2 课时。

教学活动：

组织学生组建团队：设计组、宣传组、工程组、外事组。

学生分团队讨论能源汽车的结构和特点，绘制车体结构设计图。

设计思路：

学生以自己的视角融合多学科知识解决问题。此环节为实践环节提供了知识和技术支撑，有利于教师达成教学目标。

（三）分解驱动问题 2

制造能源汽车需要选择哪些具有可操作性的工具？

持续时间：4 课时。

教学活动：

学生分团队收集工具使用资料，选取适宜进行车体搭建的工具并记录。整理工具使用记录单，结合学生对车体各部件的绘制形成车体工程技术手册。

设计思路：

学情分析显示学生的认知是有局限性的。学生一同学习，互相合作，一起体验科学家工作的过程。

（四）分解驱动问题 3

如何驱动车体（转向、刹车、动力）？

持续时间：6 课时。

教学活动：

（1）学生各团队按照设计图组装车体，通过调试转向、刹车、动力装置，复核设计图。

（2）进行车辆实测。

设计思路：

学生分工实践能源车的制造，有利于对科学、技术、工程和数学各领域的概念形成深刻的理解。

（五）分解驱动问题 4

如何检验车体结构的安全性?

持续时间：4 课时。

教学活动：

学生实地监测各项驱动数据，利用 MR 技术重塑车体结构，提出优化车体结构的新思考。

设计思路：

MR 技术能够“重演”工程研究的过程，结合有效数据进行实地测试，验证学生依靠车体结构设计图所制作的车体结构的稳定性和安全性，发展学生的科学探究能力。

（六）分解驱动问题 5

如何设计能体现中国特色文化的能源汽车?

持续时间：4 课时。

教学活动：

学生各团队设计融合中国特色文化元素的车体外观样式。

（七）分解驱动问题 6

如何展示和推广我们的“薪”能源汽车?

持续时间：2 课时。

教学活动：

（1）教师组织赛车活动。

（2）学生组建车队，并设计宣传海报，宣讲本车队的理念。

（3）学生参与赛车比赛。

六、项目评价

本次项目式学习评价方案及相应评价量规如表 3-8-3 至表 3-8-6 所示。

表 3-8-3 评价方案

主要产品 / 表现	知识 / 能力目标	证据	评价方式	评价时机
车体结构设计图	1. 明确产品设计总体目标，能根据目标进行车体结构设计。 2. 会使用 3D 建模软件绘制车体结构设计图。	车体结构设计图通过 3D 建模软件呈现。	1. 学生填写车体结构设计评价表。 2. 教师及时反馈。	形成性评价
工具使用记录单、车体工程技术手册	1. 能够正确识读车体工程技术手册各部件参数，掌握工具的使用方法。 2. 遵守安全流程，熟知安全预案。	车体工程技术手册内容翔实，工具使用记录单记录准确，熟知安全预案。	教师及时反馈。	形成性评价
车辆实测	1. 参照车体组装安全标准进行车辆实测前检查。 2. 检测、校对各项性能参数，优化调整性能参数（迭代）。 3. 在给定目标下，根据测试数据结合所学学科知识设计提升车辆性能的新部件。	车体能安全驱动，车辆实测数据记录准确。	1. 学生填写车辆实测速度记录表。 2. 生生互评。评选出部件性能良好的车辆。	形成性评价、终结性评价
车体复检（MR 技术检测）	1. 能够运用 MR 技术将项目实施过程中的各数据进行准确、清晰的记录。 2. 能够使用工程语言描述分析复检数据。	复检数据记录单填写准确。	1. 学生填写复检数据记录单。 2. 教师及时反馈。	形成性评价、终结性评价

续表

主要产品 / 表现	知识 / 能力目标	证据	评价方式	评价时机
车外观设计图	明确车体外观设计需考虑以下因素：安全性（机械工程学）、舒适性（人机工程学）、动力性、经济性（空气动力学）。	设计优美，表达了绿色主题和环保理念。	1. 教师及时反馈。 2. 生生互评。评选出最优的车体外观设计图。	形成性评价、终结性评价
宣传海报	1. 能设计主题简洁明确的海报，突出车队理念。 2. 宣讲和介绍车队及车辆特点和创新性能，表达车队的文化理念，提升沟通表达能力。	海报主题简洁明了，海报设计美观性强。	生生互评。评选出展现力强的宣传海报。	形成性评价、终结性评价

表 3-8-4　赛车活动评价量规

维度	良好	优秀	卓越
车队成员	大多数车队成员参与了宣讲，提及了自身的具体贡献，但没有对此进行充分说明。能吸引学生们的关注，能够就车辆、车队以及在车队中的角色等问题做出简单的回应。	每个车队成员都参与了宣讲，但不是所有成员都参与了演示。大多数成员对自身的贡献进行了充分的说明。能够就车辆、车队以及在车队中的角色等问题做出适当的回应。	每个车队成员都参与了宣讲并进行了演示，对自身的贡献也进行了充分的说明。能够就车辆、车队以及在车队中的角色等问题做出积极的回应。
作品展示	该车队展示了他们制作的汽车，分享了整个设计过程及设计理念。	该车队展示了他们制作的汽车，部分解释了设计选择，分享了汽车制造过程中的挑战。汽车设计有明显创新。	该车队展示了他们制作的汽车，充分解释了设计选择，充分分享了汽车制造过程中的挑战和克服过程，汽车设计创新性显著。

续表

维度	良好	优秀	卓越
商业活动	该车队正在制订商业计划、营销计划，已开始计划筹款和筹划团队活动。	该车队拥有自己的营销策略，已部分实现商业计划，要么正在筹款，要么正在开展团队活动。	该车队的商业计划正在全面实现，包括筹款和开展团队活动，充分实施了营销策略。
辅助信息	该车队共享了一些关于车队和汽车的信息。	该车队提供了至少三项信息：队名、成员信息、赞助信息、汽车信息。	该车队提供了丰富的辅助信息。包括队名、成员信息、赞助信息、汽车信息等。
公众演讲	与学生们偶有眼神接触，能就评委的直接询问作出回答。	与学生们有充足的眼神接触，能与评委进行直接探讨。表现出了热情。	与学生们或评委有频频的目光接触。车队成员慷慨陈词，非常热情。
额外加分项			
作品夹	有作品夹，简单记录了车队的日常。	有详细记录车队日常的日志，涉及创造、组装、测试等各种细节，图文并茂。	有详细记录车队日常的日志，包括车队成员的讨论、冲突、感想等。图文并茂而且条理清晰。

表 3-8-5 能源汽车设计与制作过程评估

维度	低于预期（5 分）	达到预期（10 分）	优秀（15 分）	得分
自我评价与修正	根据教师提出的注意事项检查自己的初步方案，但没有查找出方案中的问题。	检查自己的方案后发现一些问题，并做出修改。	发现教师未提到的问题，修改并充实方案。	
小组互评与修正	仅能清晰地向其他成员介绍自己的方案，未听取其他人的意见或对其他人的方案进行评估。	积极地与组内成员讨论，对每一个方案都认真地评价，给他人提出意见。	能够与组内成员深入讨论他们对自己方案的改进意见，理智地接受他人意见。	

续表

维度	低于预期（5 分）	达到预期（10 分）	优秀（15 分）	得分
方案展示	未展示设计图，未说明汽车名称、目标人群、想要表达的情感。	展示了设计图，说明了汽车名称、目标人群、想要表达的情感，表达基本清晰、流畅。	展示了设计图，说明了汽车名称、目标人群、想要表达的情感，内容详细，表达非常清晰、流畅。	
设计的安全性	未考虑安全性问题或不符合安全性的要求。	基本符合安全性的要求，能说出大致理由。	完全符合安全性的要求，并能详细说明理由。	
设计的美观性	由所有同学投票决定，以认为设计美观的人数为标准：①少于人数的四分之一，得 5 分；②超过四分之一，少于半数，得 10 分；③超过半数，得 15 分。（可酌情修改）			
设计是否符合定位	不符合定位，或者未通过色彩表达自己的设计理念与情感。	针对定位进行设计，基本表达了自己的设计理念与情感。	针对定位进行设计，详细表达了自己的设计理念与情感。	

表 3-8-6　赛车比赛评分表

维度	优秀	达到预期	低于预期	未展现
速度	速度最快，用时最短。	速度适中，用时适中。	速度最慢，耗时较多。	未展现赛车极好的速度性能。
团队配合	车队成员配合度较高，从容不迫，展现了极好的团队精神，发挥了汽车的最佳性能。	车队成员配合度适中，展现了较好的协作精神。	车队成员配合度较差，没有展现团队精神。	未能良好地进行团队配合，成员间互动较少。
操控技术	遥控技术较高，在不同的赛道中表现良好，赛车过程很流畅，障碍通过率最高。	遥控技术适中，表现尚可，有较少失误，能流畅地完成比赛。	遥控技术较低，未能较好地遥控赛车，不能较好地通过赛道。	遥控技术较差，不能较好地展现汽车特点。

七、项目反思

（一）教师反思

本项目联系单科知识，以工程设计为脚手架，使学生能够把零散的知识借助项目融合运用。本项目非常符合科学课程中技术、工程与社会领域的学习要求。怎样把活动转变成课程？到底给学生带来了什么能力的发展？怎样和课程建立联系？适合小学生学习的方式有什么？对于跨学科的项目来说，以哪门单学科为基础学科进行跨学科的融合？在小学阶段就对学生进行工程思维的教育，发展科学思维，会不会对学生今后的职业生涯规划产生影响呢？对几个问题的回答，使我厘清了自己的思路。项目进行多轮迭代，呈现了更多新成果，有知识方面的，有能力方面的。可见，本项目适于不同年龄段的学生。

（二）学生反思

绿色能源汽车社团让我尝试了很多职业的工作。在宣传组，我了解到汽车的由来和发展历史；在工程组，学会了熟练使用工具；在设计组，尝试使用各种材料设计车壳以保证车体的流线型。我们在实测中利用数据分析车体驱动状态，在调试中还能够利用MR 技术复查车体的搭建是否安全……我还知道了绿色能源汽车的优点。在和伙伴一同完成任务的时候，最重要的就是团队合作，只要团结，什么事都能成功。这个项目，提供了很多书本上学不到的知识，扩大了我的知识面，改变了我以往的学习态度，让我从被动地学变成了主动地学，也让我更具创造力、想象力和凝聚力。

案例9 航行者的探索：船的研究与创意设计

黄鑫
广东省深圳市南山实验教育集团南头小学

一、项目简介

深圳作为中国的经济特区和高科技产业中心，一直在推动科技创新和产业升级。随着深圳在海洋科技领域的投入和发展，对船的研究和设计在不断深入，对人才培养和教育创新也提出了更高的要求。本项目“航行者的探索：船的研究与创意设计”是五年级学生项目式学习的综合性实践活动，它围绕教科版《科学》五年级下册“船的研究”单元，结合科学、语文、美术、劳动和数学等多学科知识，旨在培养学生的综合实践能力、创新思维和跨学科合作能力。通过深入研究船的发展历程、设计原理及航行特性，学生可以掌握船的工作原理和结构特点，尝试设计并制作属于自己的创意船模，从而增强对船的理解与热爱，提升团队合作与沟通能力，培养创新思维和实践能力，为社会适应能力的提高和未来的职业发展奠定坚实的基础。本项目信息如表 3-9-1 所示。

表 3-9-1 项目信息卡

基本信息	项目名称	航行者的探索：船的研究与创意设计
	项目持续时间	1 个月
	核心驱动问题	如何设计一艘既实用又有创意的船？
	学科	科学、语文、美术、劳动、数学
学生团队	项目年级	五年级
	实施团队	五年级全体学生
	参与人数	315 人
指导团队	项目设计教师	黄鑫
	项目指导教师	邓玉琳、张晶、许伟光、杨婷、黄家承、支涛

二、项目依据

（一）现实依据

随着科技的飞速跃进，船作为不可或缺的交通工具与海洋探索利器，其重要性愈发凸显。这一项目不仅连接了课堂与现实，更揭示了对海洋探索的紧迫需求。通过学习，学生可以掌握船的设计原理与创新技术，为未来的海洋探索贡献力量。

（二）课标依据

本项目既贴合了科学、劳动、数学等学科课程标准，更通过实际的研究与创意设计活动，引导学生深入探索船的设计与功能，培养他们在科学原理理解、技术应用和工程实践上的综合能力。学生可以在此过程中锻炼创新思维，提升解决问题的能力，为未来的科学探索之路奠定坚实基础。

（三）教材依据

本项目依据教科版《科学》教材五年级下册第二单元“船的研究”：了解船的基本构造与浮力原理，通过设计与制作小船体验工程实践，同时发扬科学探究精神，增强创新意识及环保意识。本项目不仅对教材中与船相关的知识点进行了细致梳理，深入探究船的发展历程、设计原理及航行特性，更在此基础上进行了富有创意的拓展与深化，旨在引导学生深入探索船的设计奥秘，激发他们对海洋科技的浓厚兴趣。

三、教学目标

（一）学科学业目标

1. 科学

（1）理解船的基本构造、工作原理及其在不同领域的应用。

（2）掌握现代船的特点和应用的技术，如船舶导航技术。

（3）能够运用科学知识解释船的工作原理，并尝试进行简单的船舶设计。

2. 语文

（1）提高文本阅读能力、信息筛选能力和语言表达能力。

（2）通过阅读关于船的发展历程、设计原理及航行特性的资料，学习如何筛选和整理信息，形成自己的理解和观点。

（3）参与航行故事的分享和讨论，学习表达自己的想法和感受，增强口头表达能力。

3. 美术

（1）学习船的基本形态和结构特点，了解不同船型的设计风格和特点。

（2）尝试进行船的创意设计，通过绘制草图或制作模型来展现自己的创意和想法。

4. 劳动

（1）参与船的模型制作活动，学习如何选择合适的材料和工具，进行模型的设计和制作。

（2）掌握一些基本的工艺技能和操作方法，提高自己的动手能力。

（3）知道如何合理安排时间和分工合作，提高劳动效率和质量。

5. 数学

（1）会运用数学知识进行船的测量和计算，如测量船的尺寸、计算船的体积和重量等。

（2）能够准确地理解和分析船的设计特点，提出合理的改进方案。

（3）会运用数学模型和图表来展示和分析数据，提高数学应用能力。

（二）核心素养目标

1. 中国学生发展核心素养目标

（1）人文底蕴。通过研究船的历史和文化，产生对海洋文明的尊重和敬畏之情，增强历史责任感和民族自豪感。

（2）科学精神。发扬科学探究精神，能通过实证、推理和批判性思维来探索船的设计原理和航行特性，激发科学兴趣，提高科学素养。

（3）学会学习。学会如何有效地进行信息筛选和整理，提升自主学习能力和信息处理能力。

（4）实践创新。将所学知识应用于实际，通过创意设计和模型制作活动来展现创新能力和实践能力。

2. 科学学科核心素养目标

（1）科学观念。了解船的历史，理解船作为交通工具和海洋探索工具的重要性，掌握船的基本构造和航行原理。

（2）科学思维。分析船的设计特点，发展实证思维和逻辑推理能力。能提出自己关于船设计的见解和创新思路。

（3）探究实践。动手制作船模，将理论知识应用于实践。会设计实验验证想法，会分析数据。学习团队合作，共同完成任务。

（4）态度责任。激发对海洋科技的兴趣，增强环保意识。发扬团队合作精神，树立责任感。学会分享与倾听，会质疑、补充、更正。

（三）项目成果目标

完成船的创意设计，制作船模并进行展示。

四、驱动问题

本次项目式学习的核心驱动问题设定为“如何设计一艘既实用又有创意的船？”，具体分解如表 3-9-2 所示。

表 3-9-2　驱动问题及成果

核心驱动问题	分解驱动问题	阶段成果	最终成果
如何设计一艘既实用又有创意的船?	船的历史与发展是怎样的?	船的历史与发展数字展板	船模
	现代船有哪些特点? 应用了哪些技术?	船的工作原理与结构研究报告	
	如何进行船的创意设计?	船的创意设计方案和草图	
	如何宣传我们的船?	船的说明书和展示幻灯片	

五、项目实施

（一）入项活动

我想拥有一艘怎样的船？

持续时间：1 节课。

教学活动：

（1）航行故事分享。

组织学生分享他们知道或喜欢的航行故事，激发学生对航行与船的兴趣。

（2）航行者角色扮演。

引导学生想象自己是一名航行者，思考自己为什么要航行，想乘怎样的船去航行。

（3）组建团队。

学生根据对航行和船的兴趣点组建团队，确定团队成员、分工、团队名称和口号等。

设计思路：

通过分享和角色扮演活动，激发学生的兴趣和好奇心，为后续的研究与创意设计奠定情感基础。通过组建团队，培养学生的合作意识和团队精神。（图 3-9-1）

图 3-9-1　入项活动

（二）分解驱动问题 1

船的历史与发展是怎样的？

持续时间：1 周。

教学活动：

（1）项目启动。

教师介绍项目背景和目标，播放关于船的历史和类型的视频资料。

（2）搜集资料。

学生按照入项活动的分组在书籍和网络中搜集关于船的历史、发展、类型、功能等方面的资料。

（3）制作数字展板。

学生根据搜集的资料进行整理，制作数字展板，并进行小组内讨论和修改。

（4）展示成果。

各小组展示他们的数字展板，并进行班级交流和讨论。

设计思路：

通过引导学生搜集和整理资料，培养学生的信息搜集和处理能力。通过设计和制作数字展板，培养学生的知识整理能力和逻辑思维能力。

（三）分解驱动问题 2

现代船有哪些特点？应用了哪些技术？

持续时间：1 周。

教学活动：

（1）技术背景介绍。

教师介绍现代船的主要特点，包括智能化、环保、高效等方面，并解释为凸显这些特点，其背后运用的技术原理。

（2）技术应用研究。

学生分组研究现代船在动力、导航、通信、环保等方面的技术应用。例如，电力推进系统、自动舵、卫星通信、液化天然气清洁能源等。

（3）小型项目实验。

学生可以根据兴趣和能力，选择某个具体的技术点进行深入研究，并设计小型实验来验证其原理和应用效果。

（4）小组讨论与展示

各小组分享他们的研究成果，并进行班级讨论和交流。

（5）生成研究报告

综合各小组的研究成果，进一步查阅资料，最终生成船的工作原理与结构研究报告。

设计思路：

通过技术背景介绍和案例分析，学生能够了解现代船的主要特点和技术应用。通过分组研究和小组讨论，培养学生的实验能力和团队协作精神。同时，通过班级展示，增强学生的表达能力和自信心。

（四）分解驱动问题 3

如何进行船的创意设计？

持续时间：1 周。

教学活动：

（1）设计方案分享。

学生分享他们的船的设计方案，包括船的类型、功能、外观等。

（2）草图绘制。

学生根据设计方案绘制船的草图，并进行小组内讨论和修改。

（3）模型制作与测试。

学生根据草图制作船的模型，记录制作过程中的问题和解决方法，并进行测试。（图 3-9-2）

图 3-9-2　船的制作与测试

设计思路：

通过引导学生进行船的创意设计，培养学生的创新思维和想象力。通过制作船的模型，培养学生的动手能力和解决问题的能力。

（五）分解驱动问题 4

如何宣传我们的船？

持续时间：1 周。

教学活动：

（1）完善船模。

根据测试中发现的问题，对船模进行进一步的修改。

（2）制作说明书和展示幻灯片。

学生分工合作。制作船的说明书（图 3-9-3），介绍船的功能特点；结合说明书，制作展示船的幻灯片，包括船的设计思路、制作过程等。

图 3-9-3　学生制作的船的说明书

（3）成果汇报。

各小组在班级内展示他们制作的船模，分享设计和制作过程，并进行互动交流。（图 3-9-4）

（4）成果推广。

召开船的发布会，鼓励学生以各种方式将他们的船的设计和制作过程分享给更多的人，如家长、其他班级或社区。（图 3-9-5、图 3-9-6）

图 3-9-4　班级展示

图 3-9-5　船的发布会

图 3-9-6　成果展览

设计思路：

培养学生的信息整合素养和表达能力。通过班级展示和成果推广，增强学生的自信心和成就感，同时培养他们的社会责任感和分享精神。

六、项目评价

本次项目式学习评价方案及相应评价量规如表 3-9-3、表 3-9-4 所示。

表 3-9-3　评价方案

主要产品 / 表现	知识 / 能力目标	证据	评价方式	评价时机
船的历史与发展数字展板	1. 探究有关船的类型与文化的知识。 2. 提高信息整合与呈现能力。	1. 包含船的历史、发展与文化信息的数字展板。 2. 内容条理清晰，图文并茂。	生生互评、教师及时反馈	形成性评价

续表

主要产品 / 表现	知识 / 能力目标	证据	评价方式	评价时机
船的工作原理与结构研究报告	1. 掌握现代船的技术原理。 2. 丰富船的工作原理与结构知识。	1. 对现代船的技术原理的描述详细。 2. 引用的文献可靠，逻辑清晰，结论明确。	生生互评、教师及时反馈	形成性评价
船的设计方案和草图	1. 发挥创意进行船的设计。 2. 提升绘图与制作能力。	1. 船的设计方案完整，包括结构、功能等。 2. 草图清晰、准确。	生生互评、教师及时反馈	形成性评价
船的说明书和展示幻灯片	1. 能将设计与制作过程展示出来。 2. 提高团队合作与沟通能力。	1. 说明书、展示幻灯片内容齐全。 2. 团队成员合作有效，能清晰地展现设计与制作过程。	生生互评、教师及时反馈	形成性评价、终结性评价
船模	1. 能够将船的结构、功能等知识进行实际应用。 2. 提高动手制作与实践能力。	1. 制作出的船模符合设计要求。 2. 船模制作精细，结构稳定，有创意。	1. 生生互评。评选出优秀船模 2. 教师及时反馈	终结性评价

表 3-9-4 成果汇报评价量规

团队名称	内容	互动	汇报交流	倾听	创意	得分
	对收集到的信息进行了有效的整合，并以清晰、有条理的方式呈现。	能够在团队中积极互动，分享自己的见解和协助他人。也能够积极回应他人的反馈，并根据建议进行修改和完善。	在展示过程中能够清晰、准确地呈现设计方案、说明书、船模的特点和亮点。	能够认真倾听他人汇报，也能够认真倾听他人对自己设计的反馈和建议。	具有新颖性和创新性，体现独特的设计理念。	
	☆☆☆☆☆	☆☆☆☆☆	☆☆☆☆☆	☆☆☆☆☆	☆☆☆☆☆	
	☆☆☆☆☆	☆☆☆☆☆	☆☆☆☆☆	☆☆☆☆☆	☆☆☆☆☆	

续表

团队名称	内容	互动	汇报交流	倾听	创意	得分
	对收集到的信息进行了有效的整合，并以清晰、有条理的方式呈现。	能够在团队中积极互动，分享自己的见解和协助他人。也能够积极回应他人的反馈，并根据建议进行修改和完善。	在展示过程中能够清晰、准确地呈现设计方案、说明书、船模的特点和亮点。	能够认真倾听他人汇报，也能够认真倾听他人对自己设计的反馈和建议。	具有新颖性和创新性，体现独特的设计理念。	
	☆☆☆☆☆	☆☆☆☆☆	☆☆☆☆☆	☆☆☆☆☆	☆☆☆☆☆	

七、项目反思

（一）教师反思

随着“航行者的探索：船的研究与创意设计”项目的圆满结束，我作为指导教师之一，深感这次项目式学习实践对学生的影响深远。回顾整个项目过程，我既有收获也有反思。

首先，项目的主题非常贴近现实，不仅符合深圳作为高科技产业中心的定位，也紧密结合了海洋科技发展的趋势。通过引导学生深入研究船的发展历程、设计原理及航行特性，我们不仅让学生对船有了更深刻的理解，也激发了他们对科技创新和海洋探索的浓厚兴趣。这种兴趣驱动的学习方式，大大提高了学生的学习积极性和参与度。

其次，在项目实施过程中，我们注重培养学生的综合实践能力、创新思维和跨学科合作能力。通过跨学科的知识整合，学生能够将科学、语文、美术、劳动和数学等多个学科的知识融合在一起，形成解决问题的综合能力。同时，我们鼓励学生进行团队合作，共同完成项目任务，这不仅锻炼了学生的团队协作能力，也增强了他们的沟通能力和问题解决能力。

然而，在项目实施过程中，我也发现了一些问题。首先，由于项目涉及的知识面较广，对于部分学生来说，理解起来有一定的难度。因此，在未来的项目中，我们需要更加注重知识的深入浅出，确保每个学生都能够理解并参与到项目中来。其次，在项目的时间安排上，需要更加合理。虽然本次项目的时间安排相对充裕，但在某些阶段，由于任务繁重，部分学生感到有些吃力。因此，在未来的项目中，我们需要更加精细地规划时间，确保每个阶段的任务都能得到充分完成。最后，在项目评价方面，需要进一步完善。虽然我们已经制定了详细的项目评价方案，但在实际操作中，有些条目过于笼统，难以准确反映学生的表现。因此，在未来的项目中，我们需要制定更加具体、细致的评价方案，确保评价结果的客观性和公正性。

总的来说，“航行者的探索：船的研究与创意设计”项目是一次成功的项目式学习实践。通过这次项目，学生不仅学到了知识，而且锻炼了能力，更重要的是激发了对科技创新和海洋探索的浓厚兴趣。我相信，在未来的学习和生活中，这些经历将成为他们宝贵的财富。作为指导教师，我也将不断反思和总结，为未来的项目式学习实践提供更好的支持和指导。

（二）学生反思

经过这次“航行者的探索：船的研究与创意设计”项目式学习，我深刻感受到了学习的魅力和挑战性。在一开始的入项活动中，我就被航行故事和航行者角色扮演所吸引，这让我对船的研究和设计产生了浓厚的兴趣。

在项目实施过程中，我们小组围绕核心驱动问题——“如何设计一艘既实用又有创意的船？”进行了深入的探讨和研究。我们分工合作，研究船的历史与发展，分析现代船的特点与技术，进行船的创意设计以及模型制作。每个阶段的任务都让我们感受到了团队合作的重要性，也让我们学会了如何更好地与他人沟通和协作。

在研究船的历史与发展时，我深刻认识到了船在人类社会发展中的重要作用。从最初的独木舟到现代的巨轮，船不仅是人类征服海洋的工具，也是连接世界的桥梁。同时，我也发现了许多有趣的历史故事和人物，这让我对船的研究更加充满热情。

在分析现代船的特点与技术时，我感受到了科技的力量。现代船不仅可以达到更快的速度和更远的航行距离，而且配备了各种先进的设备和系统，如雷达、全球定位系统等，这些技术让航行变得更加安全和便捷。我也开始思考如何将这些现代技术应用到自己的设计中去。我们小组还有很多想法，我们都会在科学实验室中加以尝试，结合实际现象，不断修正我们的设计。

在进行船的创意设计时，我们小组充分发挥了想象力和创造力。我们借鉴了历史上著名的船只设计，同时结合了现代技术，设计出了一款既实用又有创意的船。虽然过程中遇到了很多困难和挑战，但我们都一一克服了，这让我更加坚信只要努力，就一定能够取得成功。

在制作模型的过程中，我们学会了如何将设计转化为实际成果。我们利用各种材料和工具，亲手制作出了自己的船模。虽然它并不完美，但凝聚了我们的心血和汗水。当我们看到自己的作品时，都感到无比的自豪和满足。我们还在最后的“船的发布会”中大胆地展示了我们的作品，分享了设计的理念和制作的艰辛，我真的超开心。我相信这些经验和能力将会对我未来的学习和生活产生深远的影响。

案例 10　计量时间博物展

祝琛
广东省深圳市南方科技大学教育集团（南山）实验二小

一、项目简介

计时工具扩展了人们的时间管理能力，对我们的生活至关重要。计时工具的发展史更是展示了人类在时间管理方面的智慧与创新。然而，在先进的数字计时工具日益普及的现代社会，人们对传统计时工具的了解和关注似乎逐渐减少。基于科学教材“计量时间”单元开展项目式学科实践，旨在让学生通过设计和制作传统计时工具模型，深入理解这些工具的历史背景和科学原理，发展工程设计思维。“计量时间博物展”项目历时 4 周，学生经历驱动问题的确定、项目启动、设计制作、成果展示和反思改进五个阶段。这一项目不仅可以培养学生对传统计时文化的保护意识，还能提升其动手实践能力、创新意识和问题解决能力。活动最终通过举办线上线下“计量时间博物展”的形式展示学生的成果，让他们在探究实践中解密计时原理，感受科学探究的乐趣和成就感，进一步宣传与传承传统计时文化。本项目信息如表 3-10-1 所示。

表 3-10-1　项目信息卡

基本信息	项目名称	计量时间博物展
	项目持续时间	4 周
	核心驱动问题	如何在校园博物馆解密并传承计时文化?
	学科	科学
学生团队	项目年级	五年级
	实施团队	五年级 6 个班
	参与人数	285 人
指导团队	项目设计教师	祝琛
	项目实施教师	祝琛

二、项目依据

（一）现实依据

在当今数字化时代，我们的日常生活中充满了便捷、精准的计时工具，如智能手机、电脑和手表，我们能够更加方便地掌握时间。然而，在享受这些便利的同时，人们逐渐忽略了传统计时工具的美妙和历史意义。这些传统工具大多只能在博物馆中见到，许多年轻人缺乏对其的了解和认识。传统计时工具不仅是古代智慧的结晶，也是中华文明悠久历史的重要见证。如何传承计时工具及计时文化是新时代青少年需要去关注的重要议题。

当下有很多博物馆有计量工具演变史的展览，然而，由于场馆地理位置等限制，关注人数较少。为了弥补这一认知缺口，并提升学生对中华优秀传统文化和科学技术的兴趣，学生可以自行筹备校园“计量时间博物展”。运用科学的方法进行实验探究和验证传统计时工具的科学原理，通过简易计时工具模型的设计与制作活动，学生能够在动手实践中感受传统计时工具的魅力，深刻理解其历史意义。同时，展览的形式有助于进一步宣传、传承传统计时文化。

（二）课标依据

本项目涉及《科学课标》中的三个学科核心概念：“技术、工程与社会”“工程设计与物化”“物质的运动与相互作用”。为了更好地实施单元教学设计，聚焦学科核心概念的持续建构，进一步梳理学科核心概念在不同学段的进阶要求及具体内容，形成基于学生思维发生过程的内容结构，对五至六年级学生，具体要求包括利用工具制作简单的实物模型，根据实际反馈结果进行改进并展示，举例说出一些典型的发明，知道发明会用到一定的科学原理等，从而引导学生从认识具体概念或事实、现象开始，通过不断抽象和进阶，逐渐建构起对学科核心概念的认识。

（三）教材依据

“计量时间”为教科版《科学》五年级上册的教学单元，属于工程设计与物化领域。通过对教材“太阳等天体的运动具有周期性；燃香、水流在一定条件下匀速变化；单摆具有等时性”等具体知识进行提炼，明确让学生建立“许多事物做有规律的周期性运动”

的学科基本概念。这一学科基本概念与相关的基本概念相互联系，帮助学生建立“物质的运动与相互作用”这个学科核心概念。在学科核心概念的构建和内化过程中，学生又能建立“稳定与变化”“系统与模型”这两个跨学科概念。教材通过实验探究进一步验证了不同传统计时工具的原理，并让学生去设计制作简易模型。项目的开展也要注重学生实验设计能力、动手制作能力的培养。

三、教学目标

（一）学科学业目标

（1）通过了解计时工具的发展历史，认识并理解计时工具的重要性；通过设计与制作计时工具的探究活动，增强对传承中华优秀传统文化的责任心，在活动中明确自己对计时工具及计时文化的传承使命。

（2）树立创新意识，意识到人们一直在寻求精确计时方法，理解进行周期性运动的事物可以用于计时，概述人类计时工具经历了一个发展的过程；体会不断创新的精神和科技进步对人类生活的影响。

（3）辨别和控制实验中的可变因素，能预测改变一个可变因素会影响实验结果；解释结果并能总结可变因素是如何改变、影响实验结果的，会用图表等记录、整理、交流信息。

（二）核心素养目标

1. 中国学生发展核心素养目标

（1）科学精神与人文底蕴。通过制作传统计时工具模型，探究计时工具的原理，提升观察、实验和分析能力；梳理计时工具的发展史，增强对中华优秀传统文化的认同感和自豪感。

（2）责任担当与实践创新。在学习计时工具与计时文化的基础上设计和制作计时工具，增强传承的社会责任感，发挥创造力，解决实际问题。

2. 科学学科核心素养目标

（1）科学观念。通过对比有无计时工具的生活，理解人类对时间管理的需求，并列举具体场景；认识到进行周期性运动的事物可以用于计时，概述人类计时工具经历了一个发展的过程。

（2）科学思维。归纳计时工具设计的要求，包括功能、外形、成本等；结合不同计时工具出现的前后次序，分析比较不同计时工具。

（3）探究实践。能基于科学原理，利用简易器材，设计制作简易太阳钟、水钟等的模型，并阐述其设计制作的原理；通过观察等方式发现问题，并有根据地提出研究假设，设计实验，确定自变量与因变量。

（4）态度责任。体会工具对人类生活产生的重大影响，意识到人们一直在寻求精确计时方法，体会人类不断创新的精神和科技进步对人类生活的影响。

（三）项目成果目标

基于科学原理，利用简易器材，设计制作简易太阳钟、水钟等的模型，并阐述其设计制作的原理。要求模型能实际演示计时功能，并且具备一定的美观性和稳定性。在设计和制作过程中对传统元素进行创造性运用，以传承与创新的双重视角看待传统计时工具。此外，针对不同类型计时工具制作思维导图，最终汇总成展板。学生作为策展人与讲解员，筹备线上线下“计量时间博物展”，展示计量工具模型，并向观众解说计时工具文化。

四、驱动问题

本次项目式学习的核心驱动问题设定为“如何在校园博物馆解密并传承计时文化？”，具体分解如表 3-10-2 所示。

表 3-10-2　驱动问题及成果

核心驱动问题	分解驱动问题	阶段成果	最终成果
如何在校园博物馆解密并传承计时文化？	历史上，人们是如何计量时间的？	计时工具思维导图	举办线上线下的“计量时间博物展”，展出简易模型、展板并搭配解说
	不同计时工具是如何实现计时的？	计时工具模型	
	作为校园博物馆的策展人与讲解员，如何去展示计时工具发展史，解密并传承计时文化？	展板、解说视频、海报	

五、项目实施

（一）入项活动

当下，我们需不需要传承传统计时方法和工具？

持续时间：1 课时。

教学活动：

（1）情境创设：对比有无计时工具的生活。

链接学生实际生活，结合其参加运动会的切身体验，引导学生关注“计量时间”的重要性，初步总结现代计时工具的不同类型。畅想若当下没有计时工具，会出现什么样的后果。

（2）动机激发：辩论需不需要传承传统计时方法和工具。

经过长达数千年的发展，随着科技的不断进步，传统计时工具如太阳钟、水钟等已经逐渐淡出人们的日常生活，被高度精准的数字钟表和计算机系统所取代。在这个背景下，我们需要审视传统计时方法的传承是否仍然有意义。引出科学哲学论题：我们需不需要传承传统计时方法和工具？组织学生辩论。通过激烈的辩论，进一步激发学生传承中华优秀传统文化的使命感与担当意识。

（3）明确活动：聚焦项目主题与任务解构。

通过漫游科技馆“移动 VR 项目”线上参观中国科技博物馆虚拟展厅，学生能够了解到当下可以以展览的形式让更多人对传统计时工具有所了解。

引申出项目主题：现在有很多博物馆有对从古至今的计时工具的展览。为了让新时代学生更好地传承传统计时文化，学校将举办计时工具发展史展览。请你参考古代计时工具，设计并自制简易计时工具模型，担当讲解员为大家介绍。作为校园博物馆的策展人与讲解员，你要如何去展示计时工具发展史，解密并传承计时文化？

引导学生共同商议“计量时间博物展”筹备方案，以及讲解的思路与要点，总结提炼，形成如图 3-10-1 所示的计时工具展览解说框架图。

（4）课后拓展：对计时工具精确性的要求。

辩证性议题：计时工具 1s 误差造成的影响大不大？

学生根据已有的认知经验，结合实例，基于逻辑和证据，提出自己的观点。随着科技水平的发展，当下很多场景对计时的精确性有了更高的要求。

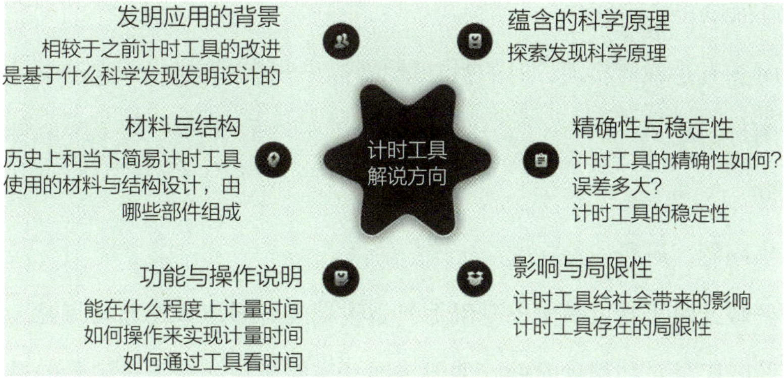

图 3-10-1　计时工具展览解说框架图

（5）课后组建团队：建立公约。

学生进行自主组队，4～5 人为一组，并建立团队公约，共同推进项目。

设计思路：

通过对比、推理、分析、综合，学生能够体会并理解计时工具可以拓展人类时间管理的能力，结合辩论活动深刻认识到传承传统计时文化的意义。

（二）分解驱动问题 1

历史上，人们是如何计量时间的?

持续时间：1 周。

教学活动：

（1）明确计时工具发展史主线。

学生通过资料阅读，深入了解计时工具的发展历史。聚焦古代的太阳钟、水钟、沙漏等计时工具，了解它们在不同历史阶段的应用和演变。

（2）搜集更多资料并生成思维导图。

①任务分工，收集资料并分析汇总。

②根据所收集的资料完成思维导图的绘制。

③展示与交流有关不同计时工具的思维导图。

设计思路：

旨在培养学生对传统计时工具的认知，激发他们对历史的兴趣。通过这一阶段，学生将对计时工具的多样性和演进过程建立起基础认知。

（三）分解驱动问题 2

不同计时工具是如何实现计时的？

持续时间： 2 周。

教学活动：

（1）聚焦问题，进行实验探究。

在深入理解计时工具发展史的基础上，学生聚焦计时工具的原理探究。通过提出问题，如不同计时工具是如何计时的，他们将展开实验设计。在设计实验的过程中，学生将验证计时工具的精确性与可靠性，探究不同计时原理的差异。

通过虚实融合来创新实验教学模式，赋能科学探究实践。相比于传统的实验教学，虚实融合的实验教学效果更为优越。例如，探究影响摆动快慢的因素时，学生发现实物模型实验存在着很多干扰，如摆锤方向不稳定，无法避免摩擦力的影响。利用图 3-10-2 所示的虚拟仿真实验平台开展探究可有效避免这些问题。例如，让两根不同长度的摆绳同时开摆，以直观的形式进行比较，得出的结论更加准确！

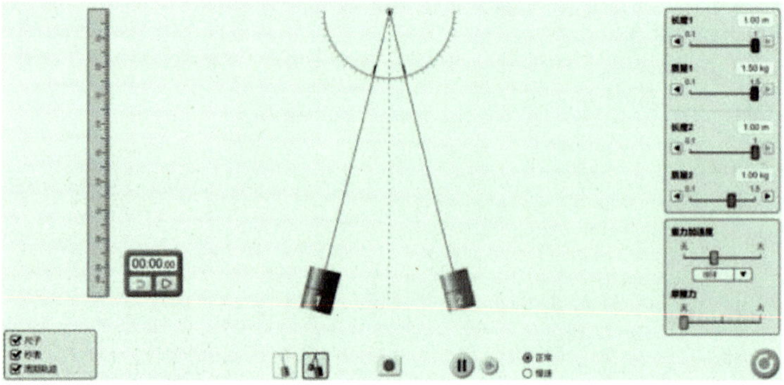

图 3-10-2　探究影响摆动快慢因素的线上实验

（2）模型设计制作。

学生动手设计并制作对应计时工具的简易模型，以实际操作感受计时工具的工作机制。在制作的过程中，体验从设计到实物的转化，培养创造力和动手实践能力。

（3）测试改进，展示交流。

学生对制作的计时工具进行检测与评估，收集相关证据。引导学生进行设计改进和反思，让他们思考制作过程中遇到的问题，以及如何改进他们的设计，优化作品并进行初步成果分享。收集来自教师、同学的反馈性意见，持续进行作品的整改与优化。

设计思路：

通过亲历实践，学生将更加深入地理解计时工具的原理，提高实践操作和问题解决的能力。整个活动旨在将理论知识与实际操作有机结合，激发学生对科技和创新的兴趣。测试改进环节旨在培养学生的批判性思维和创新意识，让他们在实践中不断地迭代与优化作品。

（四）分解驱动问题 3

作为校园博物馆的策展人与讲解员，如何去展示计时工具发展史，解密并传承计时文化？

持续时间：1 周。

教学活动：

（1）展览筹备。

小组分工，整理需要展示的内容。鼓励多样性，确保涵盖不同历史时期和文化背景的计时工具。研究与准备阶段，让学生在小组内深入研究所负责的计时工具，了解其历史、原理和应用。每个小组需要制作简易计时工具模型，并准备口头解说，在活动室布置好展览！教师同步开展“计量时间博物展”海报征集活动。

（2）资料汇总。

为了更好地展示同学们的成果，结合学生提交的海报，师生共同为不同计时工具制作展板。图 3-10-3 为水钟展板示例。

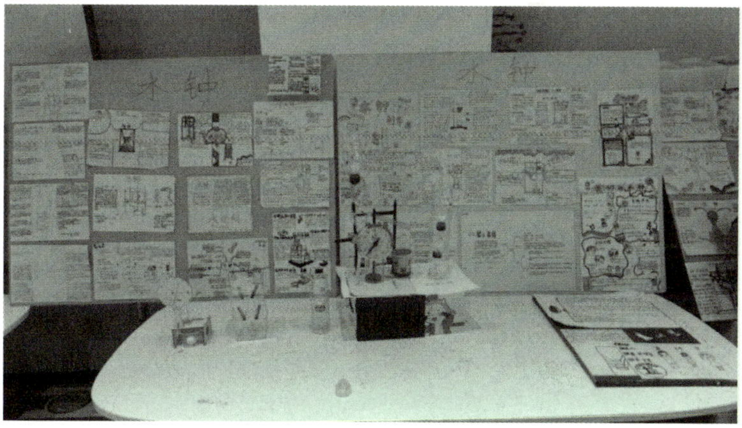

图 3-10-3　水钟展板

（3）线上展览。

学生将计时工具展板、模型照片、解说视频上传至云平台，开启线上展览。图 3-10-4 为线上展览封面页，海报为学生绘制，并搭配了展览解说。

图 3-10-4 “计量时间博物展”线上展览

（4）线下展览。

学生在线下布展，展示自制简易模型，向同学和教师解说计时工具和计时文化，包括该工具的历史、计时原理、应用场景、存在的局限性等。图 3-10-5 为线下展览解说图。

图 3-10-5 “计量时间博物展”线下展览解说

（5）完成展示与成果评价。

全班展示项目成果，其他小组提问，本小组成员答辩。

展览期间，教师应对学生的展示进行多元、多维度评价，并提供反馈。这有助于学生进一步修改完善。展览结束后，组织交流环节，让学生有机会分享彼此的经验和收获，以加深他们对不同计时工具的理解，促进知识的交流与共享。

设计思路：

给予学生展示空间，让他们把自己的成果进行分享；学生在实践中深入了解计时工具的发展历史，展示他们的创造力和学习成果，同时通过多元评价和交流，提高团队协作能力和综合素质。

六、项目评价

本次项目式学习评价方案及相应评价量规如表 3-10-3、表 3-10-4 所示。

表 3-10-3 评价方案

主要产品 / 表现	知识 / 能力目标	证据	评价方式	评价时机
计时工具思维导图	1. 会用图表等记录、整理、交流计时工具信息。 2. 梳理计时工具发展史，认识并了解计时工具的重要性。 3. 认识到进行周期性运动的事物可用于计时，概述人类计时工具经历了一个发展的过程。	思维导图内容准确、完整。	1. 教师及时反馈。 2. 生生互评。评选出优秀思维导图。	形成性评价、终结性评价
计时工具模型	1. 辨别和控制实验中的可变因素，设计实验，确定自变量与因变量，开展计时工具原理探究实验；解释结果并能总结可变因素是如何改变、影响实验结果的。 2. 基于科学原理，利用简易器材，设计制作简易太阳钟、水钟等的模型。	计时工具模型具备一定的科学性、准确性。	1. 教师及时反馈。 2. 生生互评。评选出优秀模型。	形成性评价、终结性评价
展板、解说视频、海报	1. 能够将计时工具发展史与科学原理准确、清晰地介绍。 2. 交流过程中，语言简练、有条理。	解说具备一定的完整性、准确性。	教师及时反馈、生生互评。	形成性评价、终结性评价

表 3-10-4 “计量时间博物展”成果评价量规

评价维度	评价指标	评价标准	评价结果
科学性	模型选择和设计	所选计时工具符合项目要求，考虑到其在人类历史中的应用和科学原理。	☆☆☆☆☆
	理论基础	对所选计时工具的理论基础有深刻的理解，能够清晰地解释其工作原理。	☆☆☆☆☆
	科学原理应用	在设计模型时准确地应用相关的科学原理，确保模型的可靠性和科学性。	☆☆☆☆☆
精确性	测量与观察	制作模型时的测量和观察过程准确，能够精确地记录模型的运行数据。	☆☆☆☆☆
	数据分析与验证	进行准确的数据分析，验证模型的性能和准确性，并合理解释数据的变化和趋势。	☆☆☆☆☆
	精度与稳定性	模型在运行中展现出精确性和稳定性，能够调整和改进模型以提高其精确性。	☆☆☆☆☆
解说的完整性	模型解释与呈现	能够清晰地阐述所选计时工具的工作原理，包括对关键步骤和科学原理的讲解。	☆☆☆☆☆
	模型演示	通过模型演示有效地传达计时工具的设计思路，确保观众能够理解模型的运作过程。	☆☆☆☆☆
	背景介绍和必要性	提供了充分的背景介绍，解释选择该计时工具的原因，并说明其在不同历史和文化背景下的必要性。	☆☆☆☆☆
解说的准确性	知识细节准确性	在解说中使用的科学术语和相关知识准确，对计时工具的发展历史有正确的理解。	☆☆☆☆☆
	数据解释	在解释模型数据时准确，能够深刻地理解数据背后的科学原理。	☆☆☆☆☆
	对话交流能力	与观众有效地交流，回答问题并解释模型的相关知识，展示对所做工作的深刻理解。	☆☆☆☆☆

七、项目反思

（一）教师反思

1. 教学目标制定的适切性，聚焦学生核心素养发展

本项目以培养“全面发展的人”为核心，通过举办“计量时间博物展”，引导学生结合计时工具发展史设计并制作计时工具模型。在“太阳钟”“水钟”等多个探究活动中，学生深化了对历史和科技发展的认知，提高了对中华优秀传统文化和科技的理解，体会到人类不断创新的精神和科技进步对人类生活的影响，形成了传承中华优秀传统文化的责任感。通过动手实践与科学史学习，学生体验到了科学的乐趣，增强了对历史与科技的尊重与兴趣。

2. 问题链设计的合理性，开展思维型单元整体教学

用大项目启动思维型单元整体教学，提高科学思维的系统性。在课堂实践中，通过设计与制作计时工具的活动，学生经历了认知冲突并自我建构，提高了科学思维的严密性；在创造环节提升了科学思维的迁移性。项目紧密契合《科学课标》，注重问题解决与创新，符合学生问题解决能力和创新设计能力的培养要求。

3. 学习动机激发的有效性，项目式情境创设与持续反馈

项目式学习实践活动的成功在很大程度上取决于学生学习动机的有效激发。在“计量时间博物展”项目中，通过创设贴近学生生活实际的情境，结合持续的反馈和评价机制，学生的参与度和学习兴趣得到了显著提升。这种情境创设注重培养学生的问题解决能力和创新设计能力。

（二）学生反思

通过参与“计量时间博物展”项目，我深刻感受到了传统计时工具的魅力和科学探究的乐趣。我们通过在线实验进一步探究了影响摆动快慢的因素，这和实物模型实验有些不一样，可以更好地去操控变量。在制作太阳钟的过程中，我不仅学到了许多历史知识，而且提高了动手能力，激发了团队合作精神，成功完成模型的制作让我对自己的创新能力充满信心。然而，制作过程中也遇到了技术难题，导致部分进度延迟，这让我意识到基础技能的重要性，我需要加强对工具和材料的了解。这次活动不仅让我认识到科

技与历史的紧密联系，而且激发了我不断创新和探索的动力。未来，我希望进一步提升自己的设计与制作能力，更多地参与类似的实践活动，以不断提高解决问题的能力和创新意识。

案例 11 “白水鉴心，激浊扬清”
——家庭污水处理项目

谢庆琰 钟安琪
四川省成都市龙江路小学中粮祥云分校

一、项目简介

在淡水资源短缺的情况下，水污染给人类和其他生物造成了威胁。绝大多数的水污染都是由人类的不当活动引起的，而污水要经过怎样的处理才能被重新利用？本项目从生活视角入手，以家庭污水处理为重点，前后历时两个多月，学生经历了家庭用水调查发现问题、问卷分析了解家庭用水现状、实地考察参观污水处理厂、制订家庭污水处理实验计划并实施（其中包含设计制作家庭污水处理装置模型并多次实验改进）、节水宣传与推广五个阶段。本项目能够不断提高学生发现问题、解决问题的能力，培养学生动手实践的能力和创新精神，增强学生保护水资源的意识和责任感。本项目信息如表 3-11-1 所示。

表 3-11-1 项目信息卡

基本信息	项目名称	“白水鉴心，激浊扬清”——家庭污水处理项目
	项目持续时间	8 周
	核心驱动问题	如何制作简易污水处理装置，并真正应用于家庭污水处理之中？
	学科	科学、信息科技、数学、语文、美术
学生团队	项目年级	五年级
	实施团队	五年级学生
	参与人数	10 人
指导团队	项目设计教师	谢庆琰、钟安琪
	项目实施教师	谢庆琰、钟安琪

二、项目依据

（一）现实依据

我国的淡水资源总量占全球水资源的 6%，仅次于巴西、俄罗斯和加拿大。但是，我国的人均水资源量仅为世界平均水平的 1/4，我国是全球人均水资源最贫乏的国家之一。尽管我国已通过多种措施进行了水资源管理，持续推动水资源节约集约利用，但仍然面临着一系列问题。

在淡水资源短缺的情况下，水污染更是给人类和其他生物造成威胁，绝大多数的水污染都是由人类的不当活动引起的。基于《科学课标》，学生在前期课程中比较深入地了解了垃圾问题、生活用水问题。本项目的目的在于拓宽学生对人类面临的环境问题的了解，更好地理解环境与我们的关系。通过活动设计，学生能够认识到环境问题环环相扣，人与环境互相影响、互相依存。通过调查及实验活动，学生能够了解人类面临的主要环境问题，认识到人类可以从小树立起保护环境的意识，约束自己的行为，减少对环境的破坏进而改善环境。

本项目以污水处理为重点，通过污水处理与净化实验增强学生保护水资源的意识和责任感。在项目推进过程中，教师应鼓励学生发挥动手创造能力，尝试改进自己的污水处理装置，使其真正应用于家庭污水处理之中，把书本知识真正应用于实践。

（二）课标依据

本项目对标教科版《科学》五年级下册第三单元内容。该单元为“环境与我们”，涉及《科学课标》中“人类活动与环境”领域的经典内容，旨在让学生了解地球为人类提供的珍贵而独特的生存条件，了解地球面临的复杂、严重的环境问题和人类活动对环境的影响，理解环境保护的重要性，增强环境保护意识。

通过对《科学课标》中学科核心概念“人类活动与环境”中“自然资源”“人类活动对环境的影响”这两部分重要内容的学习，我们试图让学生理解“稳定与变化”这一跨学科概念。通过项目式探究与实践，将科学观念、科学思维、探究实践、态度责任等核心素养的培养有机融入学科核心概念的学习过程当中。

《科学课标》中该学科核心概念针对 5～6 年级学生的内容要求为：知道资源可分为

可再生资源和不可再生资源；正确认识经济发展和生态环境保护的关系，提出保护环境的建议，参与保护环境的行动。针对5～6年级学生的学业要求为：能设计探究计划或项目研究活动，通过查阅资料、调查问卷、案例分析等方法，了解自然资源循环利用和濒危动植物保护面临的问题，提出改进建议。

（三）教材依据

本项目主要基于教科版《科学》五年级下册第三单元中“我们面临的环境问题”和“珍惜水资源”两课内容展开，聚焦人类活动与环境的关系，旨在让学生深入了解水资源短缺问题。

教材通过“我们面临的环境问题”一课，引导学生了解当下人类所面临的环境问题，认识到大气污染、水资源短缺和污染、固体废弃物污染、全球变暖等问题的严重性，并理解这些环境问题多由人类活动不当引起，从而引发学生思考并认识到保护环境的紧迫性。紧接着“珍惜水资源”一课，通过四个环节引导学生深入思考水资源的稀缺性和珍贵性。通过聚焦问题、查找资料、实践调查、交流研讨等方式，层层深入，让学生通过亲身经历去感受和认识水资源的稀缺性。最后通过设计制作和实物应用的方式来升华主题，让学生设计与制作简易滴灌装置，将理论知识转化为实际行动，亲身参与到节水行动当中。

整个教学流程与本次项目式学习活动高度契合，教学目标的达成也在本次项目中深有体现。本项目通过观察、调研、查阅资料等方式，让学生学会如何从多渠道获取有关环境问题的有用信息，培养学生的观察能力、分析能力和解决问题的能力；通过制作简易污水处理装置，培养学生工程设计、动手实践和创新的能力。由浅至深、层层相扣的环节设计，让学生更加关注“珍惜水资源”这个核心主题。

三、教学目标

（一）学科学业目标

1. 科学

（1）水污染主要是人类的不当活动引起的，污水需经过复杂的处理才能使用。通过一系列的科学实验，激发科学兴趣，增强动手能力和小组合作能力。

（2）通过污水处理与净化实验，亲身实践污水处理的过程。

（3）通过科学实验，树立起保护环境、节约用水的意识。

2. 信息科技

（1）掌握制作在线问卷的方法，并对收集的问卷结果进行汇总、导出与分析。

（2）掌握 XMind、Excel、美图秀秀等工具软件的使用方法，并能够灵活运用软件辅助解决问题。

3. 数学

（1）能运用单位换算的方式计算出每月家庭用水量。

（2）能使用数学方法对问卷结果和图表进行分析。

4. 语文

（1）能够运用准确简洁的语言撰写实验报告。

（2）在进行节水宣传和推广时能够自信大方、逻辑清晰地表达。

5. 美术

（1）掌握设计图绘制的方法，为后期模型制作打下坚实基础。

（2）设计节约用水宣传海报、幻灯片等作品，并在制作过程中不断美化作品，提升审美能力。

（二）核心素养目标

1. 中国学生发展核心素养目标

（1）人文底蕴。第一，语言运用。在学习过程中，通过主动积累、梳理和整合，初步具有良好语感；具有正确、规范使用语言文字的意识和能力，能在具体语言情境中有效交流沟通。第二，美术表现与审美判断。能够运用传统与现代媒介、技术和美术语言创造视觉形象；对作品和现实中的审美对象进行感知、评价、判断与表达。

（2）科学精神。第一，科学兴趣与实验能力。通过一系列的科学实验，亲身实践污水处理的过程，了解污水处理的重要性；激发科学兴趣，增强动手能力和小组合作能力。第二，环保意识与节水意识。通过科学实验，树立起保护环境、节约用水的意识；

能够设计节约用水宣传海报、幻灯片等，并开展宣传活动。第三，数据意识与模型意识。发展数据收集、整理、分析和解释的能力，以及运用模型解决实际问题的能力。

（3）学会学习。第一，信息技术工具应用。掌握用多种数字化工具开展问卷调查、数据分析的方法。第二，问题解决与创新思维。在问题解决过程中，能将问题分解为可处理的子问题，了解反馈对系统优化的作用；积极思考，勇于实践，具备创新思维和探索精神。第三，应用意识。在现实情境中能够运用各学科所学知识解决实际问题。

（4）健康生活。通过活动养成节约用水和保护环境的良好习惯，促进健康生活方式的形成。

（5）责任担当。通过节水宣传和推广活动，加深对社会责任的认识和担当，积极为社会做出贡献。

（6）实践创新。第一，创意实践。在活动中形成创新意识，善于运用创意思维和创造方法。第二，作品完善与迭代。在作品创作过程中，能够规划方案、描述创作步骤；在反思与交流过程中，对作品进行完善和迭代，不断提升作品质量。

2. 科学学科核心素养目标

（1）科学观念。能利用所学知识描述现象的变化过程，并初步解释现象发生的原因，能利用所学知识解决简单的科学问题。

（2）科学思维。能针对具体的研究问题和交流情境，基于一定的证据提出自己的假设或观点，利用分析、比较、归纳、演绎等方法，建立证据与观点之间的联系。掌握创造性思维的基本方法，能基于所学的科学原理提出有一定新颖性和合理性的观点，开展初步的创意设计。

（3）探究实践。初步具有从事物的结构、功能、变化及相互关系等角度提出探究问题和制订比较完整的探究计划的能力，初步具有获取并运用科学的方法描述信息、处理信息并得出结论的能力，具有初步的构思、设计、实施和检验的能力，具有初步的总结反思能力。

（4）态度责任。乐于尝试运用多种材料、多种思路、多种方法完成探究和实践，初步具有创新的兴趣。愿意沟通交流，乐于与他人就科学想法上的分歧进行沟通交流和辩论，基于证据反思和调整探究。了解科学、技术、社会、环境之间的相互影响，愿意采取行动保护环境、节约资源。

（三）项目成果目标

1. 项目前期

（1）通过头脑风暴，设计家庭用水现状的线上调查问卷。

（2）开展线上调查，利用数字工具进行数据分析，并形成图文并茂的调查报告。

2. 项目中期

（1）综合考量，确定实验方案。

（2）制订家庭污水处理实验计划，并绘制思维导图。

（3）绘制污水处理装置设计图。

（4）根据设计图制作简易污水处理装置模型。

（5）开展多次污水处理实验，完成实验记录，形成实验报告。

3. 项目后期

（1）撰写宣传演讲稿，制作宣讲幻灯片，开展宣讲活动。

（2）开启志愿服务项目，梳理心得体会。

四、驱动问题

本次项目式学习的核心驱动问题设定为“如何制作简易污水处理装置，并真正应用于家庭污水处理之中？”，具体分解如表 3-11-2 所示。

表 3-11-2 驱动问题及成果

核心驱动问题	分解驱动问题	阶段成果	最终成果
如何制作简易污水处理装置，并真正应用于家庭污水处理之中?	家庭污水是怎样被处理的?	家庭用水现状调查问卷和调查报告，家庭污水处理实验记录单，思维导图	家庭污水处理装置
	如何制作简易家庭污水处理装置并改进?	装置设计图，家庭污水处理实验记录单和实验报告	
	如何推进节水行动	宣讲幻灯片、宣传海报、宣传视频	

五、项目实施

（一）入项活动

家庭的日常用水现状如何？

持续时间：1 周。

教学活动：

（1）创设情境，发现问题。

水，是生命之源，没有水，一切生命将不复存在。而现如今，全球水资源状况不容乐观，主要表现为水资源短缺和水污染问题日益加剧。面对如此严峻的挑战，我们必须行动起来保护水资源。那么，日常生活中，你的家庭用水情况如何？你的哪些行为可能会造成水资源的浪费与污染？除了从源头上节约水资源，你是否想过重复利用水资源？家庭污水需要经过怎样的处理才能被重新利用？……这一系列的问题亟待我们去思考、去解决。

①动机激发：头脑风暴，集思广益。

教师引导学生从自己的家庭和身边同学的家庭出发，开展一次“家庭用水知多少”的调查。

教师带领学生开展关于家庭用水浪费问题的讨论会。学生积极参与其中，利用头脑风暴的形式，根据自身生活经验，写下关于家庭用水的问题：

日常生活中，我们在进行哪些行为时用水量比较大？

你是否有循环用水的习惯？

市面上的家庭污水处理装置对你来说是否有必要安装？

你不安装市面上的家庭污水处理装置是否因为价格？……

②聚焦问题：整理汇总，设计并发放问卷。

根据讨论会的结果，汇总各方意见，选择简而精的问题，编写线上调查问卷，并对我校四年级近 200 个家庭进行关于“家庭用水现状”的问卷调查。收回问卷之后，利用网站的数据分析功能，分析问卷数据，形成调查报告，明确家庭污水处理的价值与意义。

设计思路：

通过观察、讨论，引发学生对污水问题的思考；通过头脑风暴，分析、设计问卷，让学生体会并理解家庭污水处理的现状、存在的问题和现实意义。

（2）查阅资料，背景调查。

教师为学生提供查阅资料的方向。比如，可以借助搜索引擎，查找家庭污水处理的相关资料；可以去图书馆查阅相关书籍等；还可以阅读知网上的有关论文著作。

设计思路：

通过资料查阅，帮助学生分析家庭污水处理项目在现实中开展的可行性与社会价值。

（二）分解驱动问题 1

家庭污水是怎样被处理的？

持续时间：1 周。

教学活动：

（1）实地考察：探秘污水处理厂。

利用课余时间，带领学生走出校园，走进污水处理厂，参观污水处理车间，让专业的技术人员为学生讲解污水处理的过程。

设计思路：

通过污水处理厂技术人员的详细介绍，学生可以学习并了解污水处理的过程与社会效益。

（2）设计家庭污水处理实验。

通过项目前期的调查与分析，学生已经了解了家庭污水大多产生于做饭和清洁两方面，并且在家庭中，处理和净化因家庭清洁而产生的污水更为现实和方便，部分污水经过处理后还可以用于二次家庭清洁，使用率较高。由此，引导学生从家庭污水的污染源角度综合考量家庭污水处理实验设计。

①实验中主要处理哪一类家庭污水？

②针对这类污水分析其污染源。

③根据污染源制定对应的处理和净化措施。

④整理与分析，绘制出思维导图，便于后续实验实施。

设计思路：

旨在进一步提高学生对家庭污水处理的认知水平，激发他们对污水处理实验的兴趣。通过这一阶段，学生将对家庭污水处理形成更深层次的认知。

（三）分解驱动问题 2

如何制作简易家庭污水处理装置并改进？

持续时间：4 周。

教学活动：

（1）设计。

学生可以根据自己的家庭情况，自行设计适用于自家的污水处理装置，并利用绘图软件或简单纸笔绘制出污水处理装置设计图，标明制作装置模型可能用到的材料，设计合理的尺寸等。

（2）制作。

根据装置设计图，利用家庭中现有材料，制作出简易污水处理装置模型。鼓励学生亲自动手、变废为宝，发挥创意和个性，制作出属于自己家庭的污水处理装置模型。

（3）进行实验、评估改进。

收集家庭污水，利用自制的家庭污水处理装置对其进行多次污水处理实验，并做好实验记录，形成实验报告。（图 3-11-1、表 3-11-3）

图 3-11-1　学生制作家庭污水处理装置模型并实验

表 3-11-3 家庭污水处理实验记录单

实验人______________ 实验日期______________

所取污水来源			
污水中所含污染物分析			
实验方法	沉淀	过滤	其他方法
实验步骤			
实验前现象			
实验后现象			
实验结论			
实验中遇到的问题			
装置改进意见			

设计思路：

学生通过自主选择、主动收集不同来源的家庭污水，使实验过程更加丰富。学生在进行实验活动时，能够做到有事可做、有话可说、有情可抒发、有理可依，更能充分发挥主体能动性，满足好奇心。同时，学会真切地认识身边的事物，学会合理运用各类工具科学地观察和实验。学生在逐步分析和解决问题的过程中，积极思考，勇于发现，在创新实践中提升科学素养。

（四）分解驱动问题 3

如何推进节水行动？

持续时间： 2 周。

教学活动：

（1）开展“我是节水小卫士”宣讲活动。

学生自行撰写宣传演讲稿，制作“我是节水小卫士”宣讲幻灯片，在多场合通过多种方式对家庭污水处理方法和节水理念进行宣讲。

第一阶段，走进班级。学生利用班会时间在本班进行宣讲。有的同学以第一人称讲述小水滴的故事，有的作为主持人开展科普知识竞答活动。形式多样，内容丰富。

第二阶段，走进校园。学生利用周一升旗仪式的时间，化身红领巾宣讲员，向全校宣讲节水知识。同时，为提高全校师生对水资源的认识，增强保护、节约水资源的责任感、使命感，项目组成员联合三年级一班开展了“小水滴·大世界”的国旗下风采展示活动。通过情景剧表演（图 3-11-2），以小水滴的视角向同学们介绍了“世界水日”和“中国水周”。学生还将自己平时生活中收集到的节水小妙招拍成小视频，推广节水方法，用实际行动践行节约用水的责任与担当，提升节水意识。小小行动，却有大大收获。

图 3-11-2　情景剧表演合照

第三阶段，走进社区。学生走出校园，发放节水宣传海报（图 3-11-3），与社区居民分享自己在项目推进过程中的心得体会。利用学校“云朵公益学院”对接成都府南河周边社区进行公益宣传，联合开展“保护府南河水资源”志愿行动，通过宣讲、视频拍摄、资料发放等形式，以身作则，呼吁更多的人认识到水资源的重要性。节约用水，保护地球水资源，是每一个人的责任。推动一个人，带动一个家庭，联动一个社区，辐射一个城市，为共同建设美好家园贡献力量。

图 3-11-3　宣传海报

设计思路：

根据宣讲范围，我们制订了“三步走”宣讲计划。第一步走进班级，主持本班的“节水”主题班会。第二步走进校园，利用周一升旗仪式的时间开展国旗下的“节水”宣讲活动。第三步走进社区，利用周末开展“节水”志愿服务活动。项目组成员积极号召身边同学和家人加入“节水”宣讲行动中来，影响力持续扩大。

（2）组织“节约用水”主题展览。

在风雨操场，大家精心布置了“节水用水”主题展览，等待着同学们的到来。本次主题展览分为“认识水”“生活节水点点滴”“奔跑在田野里的水”“工厂里的水世界”四个部分。在实验区，同学们通过小实验，观察水的特点；在展板区，同学们学习生活节水、农业节水、工业节水的相关知识；在 VR 展示区，同学们化身为一滴滴水，沉浸式体验污水处理全过程；在观影区，大家一起学唱活动主题曲《你好！小水滴》；在留言处，大家踊跃加入节水志愿者队伍。（图 3-11-4）

图 3-11-4　学生参观展览

设计思路：

基于 STEM 教育理念，采用多样的展现形式，结合信息技术的应用，培养学生口语交际能力与团结协作能力，提升学生的综合素养。

六、项目评价

本次项目式学习评价方案及相应评价量规如表 3-11-4 至表 3-11-6 所示。

表 3-11-4　装置制作评价表

内容	0 分	1 分	2 分	3 分
污水处理的相关科学知识是否运用正确	不懂相关知识	懂一点相关知识	正确运用部分知识	熟练掌握并运用相关知识
设计图是否合理	不合理	小部分合理	大部分合理	完全合理，可提供有效参考
是否按进度完成制作	没有按进度完成	小部分按进度完成	大部分按进度完成	全部按进度完成，认真及时
处理与净化效果是否明显	没有效果	效果不明显	效果较明显	效果明显

表 3-11-5　宣讲活动自我评价表

内容	0 分	1 分	2 分	3 分
我是否在活动中表现活跃、积极发言	冷漠	部分时候活跃	大多数时间活跃	全程积极参与、表现活跃
我是否提出了新奇的想法	未提出任何想法	和别人合作提出 1 条	独立提出 1～2 条	独立提出 2 条以上
我是否参与了展示交流	没有参与	虽然参与其中，但表达不够流畅	表达基本流畅，但内容较为简单	表达流畅、清晰，有自己的感悟

表 3-11-6 项目评价量规

学生姓名	内容	倾听	互动	创新	汇报交流
	主题明确，设计合理，构图美观，可操作性强。	认真倾听，做好记录，及时评价。	能够解答他人的提问，互动积极，相互配合。	设计有特色。	观点阐述明确，汇报条理清楚，声音洪亮，大方得体。
	☆☆☆☆☆	☆☆☆☆☆	☆☆☆☆☆	☆☆☆☆☆	☆☆☆☆☆
	☆☆☆☆☆	☆☆☆☆☆	☆☆☆☆☆	☆☆☆☆☆	☆☆☆☆☆
	☆☆☆☆☆	☆☆☆☆☆	☆☆☆☆☆	☆☆☆☆☆	☆☆☆☆☆
	☆☆☆☆☆	☆☆☆☆☆	☆☆☆☆☆	☆☆☆☆☆	☆☆☆☆☆
	☆☆☆☆☆	☆☆☆☆☆	☆☆☆☆☆	☆☆☆☆☆	☆☆☆☆☆
	☆☆☆☆☆	☆☆☆☆☆	☆☆☆☆☆	☆☆☆☆☆	☆☆☆☆☆

七、项目反思

（一）教师反思

1. 活动感受

本次项目式学习，学生积极参与，创意勃发，让教师深刻体会到了与学生共同探索、成长的乐趣。学生从最初的迷茫、困惑，到最后的自信、坚定，整个项目过程中，学生展现出了强烈的求知欲和实践能力，他们不仅在知识上有所收获，更在能力、情感、态度等方面有了显著的进步。作为教师，我们为他们所展现出的专注、坚持和创新精神感到自豪。

2. 成功经验

（1）生活化教学。将污水处理这一抽象概念与家庭生活相结合，使学习内容更加贴近学生实际，激发了学生的学习兴趣。

（2）实践探究。通过实地考察、实验设计和装置制作等实践活动，让学生亲身体验知识的应用过程，培养了他们的动手能力和解决问题的能力。

（3）团队合作。学生在项目推进过程中还学会了相互协作、共同进步，增强了团队意识。

3. 成长收获

（1）学生能力提升。学生在项目推进过程中不仅掌握了污水处理的基本知识，而且提高了观察、分析、实践和创新能力。

（3）环保意识增强。通过对家庭污水处理的了解和实践，学生更加珍惜水资源，增强了保护环境的意识。

（3）教师角色转变。在项目式学习中，作为教师，我们更加注重引导和辅助学生，让他们成为学习的主体，这让我们对教师的角色有了更深的认识。

4. 失败教训

（1）时间管理。在项目初期，对时间管理不够严格，导致部分环节进度滞后。未来需要更加精细地规划时间，确保项目按时完成。

（2）资源准备。在实地考察和实验过程中，部分资源准备不足，导致对学生的实践效果有所影响。未来需要提前做好资源准备工作，确保项目顺利进行。

（3）学生差异关注。在项目推进过程中，部分学生在某些方面表现较好，而部分学生则存在困难。教师需要更加关注学生的差异，为每个学生提供更有针对性的指导。

5. 未来设想

（1）拓展项目内容。在未来的项目式学习中，可以尝试更多与生活实际相关的主题，如垃圾分类、节能减排等，让学生更全面地了解社会、认识世界。

（2）深化跨学科融合。深化数学、科学、信息科技等学科知识与项目式学习的结合，让学生在实践中运用多学科知识解决问题。

（3）完善评价体系。应进一步完善评价体系，注重将过程性评价和表现性评价结合起来，更全面地反映学生的成长和进步。

（4）加强家校合作。积极与家长沟通合作，共同关注学生的成长和发展，为学生提供更丰富的学习资源和更广阔的学习空间。

（二）学生反思

1. 活动感受

这次家庭污水处理的项目式学习非常有意义。我从中学到了很多关于水资源和环保的知识。通过亲身参与，我感受到了保护水资源的重要性，也更加明白了我们日常生活中的每一个小习惯都可能对环境产生巨大的影响。

2. 成功经验

（1）团队合作很重要。在项目中，同学们一起合作，分工明确，互相帮助。这让我明白一个人的力量是有限的，只有团结起来，才能创造出更多的可能。

（2）实践出真知。通过实地考察和实验操作，我更加深入地了解了污水处理的过程和原理，明白了知识不仅是从书本上获得的，更重要的是通过实践去探索。

3. 成长收获

（1）解决问题的能力提高。在项目实施过程中，虽然我遇到了很多困难，但通过不断尝试和努力，最终都找到了解决的办法。这也让我更加相信，只要有信心和决心，就没有克服不了的困难。

（2）动手能力提高。在制作家庭污水处理装置模型的过程中，我学会了使用各种工具和材料，也学会了如何设计和改进模型。这让我更加喜欢动手实践，也更自信了。

（3）环保意识增强。通过这次项目式学习，我深刻认识到了保护水资源的重要性，不仅从意识上知道要珍惜水资源，也会在日常生活中注意节约用水和减少污染。

4. 失败教训

（1）时间管理能力不足。在项目初期，我没有合理安排时间，导致有些任务没有按时完成。由此，我意识到时间管理是非常重要的，我需要在以后的学习和生活中更加注重时间管理。

（2）细节决定成败。在设计和制作模型的过程中，一开始因为我忽略了细节，所以模型的处理与净化效果不佳。这让我明白只有注重细节、脚踏实地，才能取得更好的成果。

5. 未来设想

（1）继续探索环保领域。我对环保主题非常感兴趣，希望以后能够继续探索这个领域，学习更多关于环保的知识和技能。

（2）将所学应用于生活。项目结束后，我希望自己能将从这次项目式学习中学到的知识和技能应用到日常生活中，努力成为更加爱护环境的人。

（3）付诸行动奉献社会。未来，我希望与同学们一起努力，为保护地球家园做出更多的贡献。

案例 12 从一粒种子到一杯咖啡的旅程

马凌华
广东省深圳市南山区文理实验学校（集团）文理一小

一、项目简介

随着时代的进步以及全球文化交流的日益广泛，咖啡越来越受大众喜爱，甚至走进了小学生的生活。这一现象引发了学生强烈的探索欲。为什么咖啡受到这么多人的喜欢？它对人体有什么功效呢？咖啡是从何而来的？小学生可以喝咖啡吗？学生观察社会现象、发现现实问题，并通过科学的探究方法实践研究再解决问题，不仅可以感受咖啡背后文化的力量，更能增强对知识的综合应用能力，提升问题解决能力，发展核心素养。

基于对社会现象的好奇和追问，本项目以“从一粒种子到一杯咖啡的旅程”为主题，历时 8 周，让学生经历项目的确定、项目的设计、项目的探究、项目成果的发布、项目的复盘五个阶段。学生具体经历了咖啡知识的查阅与分享、咖啡树的种植与养护、咖啡果的采摘与处理、咖啡的制作、成果的发布与推广、复盘与反思等过程。整个项目围绕咖啡系统知识，综合运用科学、数学、美术等学科知识与方法来开展，以期在探究和实践活动中，加深学生对学科知识的理解与应用，发展学生的核心素养，提高学生的劳动意识、劳动能力等，提升学生的问题解决能力、应用意识和创新意识。本项目信息如表 3-12-1 所示。

表 3-12-1 项目信息卡

基本信息	项目名称	从一粒种子到一杯咖啡的旅程
	项目持续时间	8 周
	核心驱动问题	一粒种子到一杯咖啡要经历怎样的旅程？
	学科	科学、劳动、数学
学生团队	项目年级	五、六年级
	实施团队	玩转咖啡小队
	参与人数	20 人

续表

指导团队	项目设计教师	马凌华
	项目实施教师	马凌华

二、项目依据

（一）现实依据

咖啡深受各国人民的喜爱，尤其是年轻人群体，遍布大街的咖啡店足见咖啡的受欢迎程度。为什么咖啡如此受人们喜爱？它对人体有什么功效呢？咖啡是从何而来的？小学生可以喝咖啡吗？……对这一系列问题的探讨引起了小学生的兴趣。他们迫不及待地想开展科学探究。

（二）课标依据

在本项目“从一粒种子到一杯咖啡的旅程”的学习中，学生会经历咖啡树的种植与养护、咖啡果的采摘与处理、咖啡的制作等过程。在种植与养护阶段，学生需要运用植物的生长变化、生物与环境、土壤等相关知识，以及观察与比较等相关方法；在咖啡的制作阶段，需要运用热、物质的变化、工具与技术等相关知识与技术。《科学课标》中提出科学课程以生命系统的构成层次，生物体的稳态与调节，生物与环境的相互关系，物质的变化与化学反应，能的转化与能量守恒，技术、工程与社会等学科核心概念为内容进行学习，在学习过程中发展学生的科学观念、科学思维、探究实践、态度责任等核心素养。本项目正是运用这些学科核心概念进行实践学习，加深学生对知识的理解和运用，培养学生的应用意识的。

本项目中学生会参与咖啡树的种植、浇水、病虫害防治，咖啡果的采摘与处理，咖啡的制作等多项实践活动，在这个过程中，学生会参与不同的农业生产劳动，掌握多种劳动技能。《义务教育劳动课程标准（2022 年版）》提到让学生形成基本的劳动意识，树立正确的劳动观念，形成必备的劳动能力，塑造基本的劳动品质，弘扬劳模精神。因此，本项目中众多的劳动活动，有助于培养和发展学生的劳动观念、劳动能力、劳动习惯和品质、劳动精神。

本项目学习中学生还会运用数学学科中长度与测量、体积与容积、统计表或统计图等知识监测咖啡树的生长，运用克与千克等质量相关知识进行咖啡制作。《义务教育数学课程标准（2022 年版）》提出，用数学的眼光观察现实世界，用数学的思维思考现实世界，用数学的语言表达现实世界。在本项目的学习中，学生充分地运用数学知识与方法进行问题解决，加深了对相关知识的理解，发展了数据意识、应用意识等。

（三）教材依据

“从一粒种子到一杯咖啡的旅程”涉及的相关内容主要分布于科学、劳动、数学等学科，具体如下：科学学科一年级、二年级、四年级、五年级、六年级教材中，涉及生物与环境、植物的生长变化、土壤、物质的变化等相关知识，以及观察、测量、实验等研究方法；劳动学科中，涉及生产劳动的内容模块中的农业生产劳动的相关知识与技能；数学学科中，涉及长度单位、克与千克、测量、统计表、条形统计图、体积与容积等相关知识与方法。整个项目的学习中，学生主要运用科学学科中植物生长与物质变化等相关知识及科学探究的方法，运用数学学科中长度与测量、数据记录与整理等方法，运用劳动学科中掌握的农业生产劳动的相关技能。学生已具备一定的知识储备与学习经验，对项目的高质量完成具备一定的基础。

三、教学目标

（一）学科学业目标

1. 科学

（1）充分地了解咖啡树的生长周期、生长环境，加深对相关科学知识的理解与应用。

（2）能运用实验法、观察法、测量法等科学探究的方法，了解咖啡树的生长与养护情况、咖啡的功效等。

（3）能运用热、物质的变化、营养物质及其对人体的功效等相关科学知识进行咖啡营养价值的分析。

（4）能运用相关技术与工具开展科学实践，进行咖啡制作。

（5）能在系列科学探究活动中，保持好奇心并积极实践。

2. 劳动

（1）通过咖啡树的种植、浇水、病虫害防治，咖啡果的采摘与处理，咖啡的制作等多项实践活动，掌握多种劳动知识与技能，提升劳动能力。

（2）在多种劳动实践活动中，会使用合适的材料和工具、技术与方法，感受劳动的快乐与意义，形成良好的劳动习惯和品质。

3. 数学

通过测量活动、浇水活动、咖啡制作等操作活动，加深对长度与长度单位、体积、质量等相关知识的理解，能利用统计表或统计图记录数据，进行数据分析，了解咖啡树的生长、发育等情况，发展数据意识、应用意识等。

（二）核心素养目标

1. 中国学生发展的核心素养目标

（1）科学精神。在解决问题和实践活动的过程中，有理性思考、批判质疑、勇于探究的思维方式和行为表现。

（2）学会学习。在项目活动中，能乐学善学，选择合适的学习方法，并对学习进程进行合理的监控和评估，勤于反思。

（3）健康生活。通过科学实验能够认识自我、珍爱生命，进而形成健康的生活方式。

（4）实践创新。在探究活动中能积极实践，运用技术与工具，解决问题，适应挑战，发展创新意识。

2. 科学学科核心素养目标

（1）科学观念。能够运用植物的生长与发育、生物与环境、物质的变化、营养物质与对人体的功效等相关知识，开展种植与养护咖啡树、采摘与处理咖啡果、科学实验和制作咖啡等活动。

（2）科学思维。能从科学的视角观察咖啡树的生长发育、咖啡的制作等过程，运用模型分析、解释数据和现象，描述系统的结构、关系及变化过程，能从不同角度分析、思考问题，提出新颖且有价值的观点和解决问题的方法。

（3）探究实践。能够用扦插的方式进行咖啡树种植，并进行科学养护；能够进行咖啡果的采摘与处理，了解其中的科学原理；能够用咖啡机或手摇咖啡工具进行咖啡制作；能开展与咖啡相关的科学实验，理解科学探究的一般过程和方法。

（4）态度责任。能对项目活动保持好奇心和探究热情；能在科学实践中严谨求实，大胆质疑，追求创新；能在团队合作活动中尊重他人的情感，善于合作，乐于分享。

（三）项目成果目标

参与咖啡知识分享、咖啡树种植与养护、咖啡果采摘与处理、科学实验、咖啡制作、复盘反思等活动，形成咖啡树生长周期绘本、科学小论文、咖啡的制作与品鉴笔记等图文成果，以及多种咖啡饮品。

四、驱动问题

本次项目式学习的核心驱动问题设定为“一粒种子到一杯咖啡要经历怎样的旅程？”，具体分解如表 3-12-2 所示。

表 3-12-2　驱动问题及成果

核心驱动问题	分解驱动问题	阶段成果	最终成果
一粒种子到一杯咖啡要经历怎样的旅程？	如何种植与养护咖啡树？	咖啡树生长周期绘本	关于咖啡的各种图文成果以及咖啡饮品
	如何采摘与处理咖啡树的果实？	科学小论文	
	如何制作一杯咖啡？	咖啡的制作与品鉴笔记	
	如何推广我们的咖啡？	咖啡饮品	
	关于咖啡，我还想研究什么？	复盘反思表	

五、项目实施

（一）入项活动

关于咖啡，我知道些什么？

持续时间：1 课时。

教学活动：

（1）提前了解相关知识。

课前学生通过上网、阅读书籍、走访咖啡店等方式了解咖啡的相关知识。

（2）组织学生交流，分享关于咖啡的知识。

引导学生分享咖啡的起源和历史，认识咖啡的品种、制作流程和功效作用，了解咖啡的形态特征、结构等。

（3）共商共议，明确研究思路。

引导学生梳理整个项目的研究思路：咖啡树的种植与养护—咖啡果实的采摘与烘焙—咖啡的研磨与冲泡—咖啡礼仪与文化—研究成果的发布—项目的复盘与反思。

（4）组建团队。

学生分成小组，明确组长、组员，充分了解组内成员的特长和优势，为后续研究中进行合理分工做准备。

（二）分解驱动问题 1

如何种植与养护咖啡树？

持续时间：2 周。

教学活动：

（1）土壤检测。

①课前通过上网、阅读书籍等方式调查了解哪种环境适合咖啡树的生长。

②课中交流，明确咖啡树生长需要阳光、水、土壤等要素。聚焦问题：咖啡树的生长需要怎样的土壤环境？

③共同学习，从土壤的质地、紧实度、颜色、酸碱度、温度、湿度、光照强度等方面研究土壤环境，并掌握判断方法。

④实践活动：咖啡树的土壤检测。

利用土壤检测仪器和相关工具进行土壤检测实验。

任务步骤：第一步，观察并检测土壤；第二步，填写“土壤检测表”。

（2）种植咖啡树。

①课前布置任务，提前查阅资料，了解植物繁殖的方式及咖啡树的繁殖方式。

②课中分享交流，明确咖啡树的繁殖分有性繁殖（如种子繁殖）和无性繁殖（如扦插繁殖）两种方式。

③师生共同学习，了解扦插的含义和方式。

④实践活动：利用咖啡树的茎进行扦插。先明确扦插的步骤；准备好需要的工具和材料后，再前往学校的后山劳动基地，在咖啡种植园进行扦插。

（3）给咖啡树浇水。

①课前思考：为什么要给植物浇水？浇水对植物有什么作用？

②课中共同学习，掌握浇水的方法以及给不同植物浇水的原则、频率等注意事项。

③实践活动：给咖啡树浇水。准备浇水相关工具，以小组为单位浇水。

（4）咖啡树的病虫害防治。

①课前查阅资料，了解咖啡树可能会遭遇哪些病害和虫害以及防治方法。

②课中交流，人人认识病虫害，能看图识别遭遇病虫害的咖啡树，明确物理防治方法、化学防治方法、生物防治方法及其优缺点。

③实践活动：每个人填写咖啡病虫害防治记录表；每个小组需要判断所种植的咖啡树是否遭遇了病虫害，摘除病叶及枯叶，并在树上（旁边）挂一个粘虫板。

（5）邀请咖啡树种植专家举办讲座。

①邀请咖啡树种植专家走进学校，举办关于咖啡的知识讲座，再次加深学生对咖啡树种植、养护以及咖啡果实采摘等知识的了解。

②学生带着所学知识再次走进咖啡种植园，观察、实践养护咖啡树。制作形成咖啡树生长周期绘本。

设计思路：

尊重学生的探究欲，探究从一粒种子到一杯咖啡的旅程是怎样的。从咖啡树的种植开始，学生利用科学学科所学的生物与环境、植物的生长变化等知识，综合运用数学学科所学的数据整理与记录等方法，以逐一完成子任务的形式开展项目式学习，培养科学观念、科学思维、劳动观念、劳动能力等。

（三）分解驱动问题 2

如何采摘与处理咖啡树的果实？

持续时间：2 周。

教学活动：

（1）咖啡果的采摘。

①认识成熟和未成熟的咖啡果。

②学习咖啡果采摘的方法与技巧。

③实践活动：采摘咖啡果。

携带采摘时所用的相关工具，进行咖啡果采摘。

（2）咖啡果的处理。

①课前查阅资料，了解咖啡果的结构及处理方法。

②课中交流，人人明确咖啡果的结构，以及水洗、日晒和蜜处理三种处理咖啡果的方法及其优缺点。

③实践活动：处理咖啡果。

采用水洗处理方法，按照步骤，以小组为单位进行咖啡果的处理。

（3）咖啡豆的烘焙。

①参观咖啡工作坊。了解咖啡豆的烘焙、研磨，如何冷藏烘焙后的咖啡豆，如何冲泡咖啡，如何用牛奶在咖啡饮品中拉花等知识。

②观察咖啡豆的烘焙过程。

（4）撰写科学小论文。

回顾咖啡果的采摘、处理，咖啡豆的烘焙、研磨等过程，撰写科学小论文。

设计思路：

咖啡果的采摘、处理，是制作一杯美味咖啡的基础。学生通过小组合作，经历辨认、采摘、处理咖啡果的过程，加深了对科学知识的理解与应用，发展了应用意识、劳动意识、劳动能力等。通过参观咖啡工作坊，学生深入了解了咖啡豆的烘焙等知识，也进一步了解了研磨、冲泡等相关知识，为后续制作咖啡打下了基础。

（四）分解驱动问题 3

如何制作一杯咖啡？

持续时间：1 周。

教学活动：

（1）咖啡豆变成咖啡的过程。

①课前查阅资料，了解制作咖啡的工具。

②课中分享交流，认识不同咖啡机及其使用方法。

③了解什么是手冲咖啡及冲泡流程，了解花式咖啡。

④了解咖啡的主要成分及作用。

（2）实践活动：冲泡和品鉴咖啡。

利用准备好的冲泡工具，尝试自己动手制作手冲咖啡，也可尝试制作花式咖啡。

（3）科学实验：咖啡因的身影。

实验名称：测定 10 种食品中是否含有咖啡因。

实验目的：通过实验，明确哪些食品中含有咖啡因。引导学生发散思维，探究生活中各种饮品中“咖啡因的身影”，引导学生在日常生活中合理饮用相关饮品。

实验材料：11 个一次性杯子、10 种食品、11 个咖啡因检测卡、1 瓶纯净水、12 个滴管。

实验方案：通过咖啡因检测卡，测定 10 种食品中是否含有咖啡因，并记录数据。

（4）访谈咖啡学者。

①拟定访谈提纲，明确访谈问题。比如，咖啡对人体的作用和功效有哪些？小学生可以喝咖啡吗？对于少数已经养成每天喝咖啡的习惯的小学高年级学生来说，需要戒掉咖啡吗？我们应该先吃早餐再喝咖啡还是先喝咖啡再吃早餐？……

②团队分工协作，明确提问员、记录员等的职责。

③进行访谈，利用手机、平板电脑、访谈记录表等工具进行记录。

（5）撰写咖啡的制作与品鉴笔记。

回顾咖啡的制作过程，总结科学实验结果，整理访谈记录，最终形成咖啡的制作与品鉴笔记。

设计思路：

学生经历调查、分享和交流从咖啡豆到咖啡的过程，并尝试动手实践制作手冲咖啡，充分感受冲泡咖啡时物质的物理变化和化学变化，加深对科学知识的理解，加强动手能力的培养。通过测定 10 种食品中是否含有咖啡因的实验，学生在培养科学探究能力的同时，可以增加生活常识，学会合理选择饮品。通过访谈咖啡学者，了解咖啡对人体的作用和功效等知识，明确小学生能否喝咖啡、喝咖啡对身体的影响是什么等现实问题的答案。

（五）分解驱动问题 4

如何推广我们的咖啡？

持续时间：1 周。

教学活动：

（1）布展设计。

①策划展示方案（包括时间、地点、人物、活动开展形式等）。

②布展（进行桌椅等物料的准备，并布置）。

（2）成果展示。

①学生将项目学习过程中的成果，如咖啡树生长周期绘本、科学小论文、咖啡的制作与品鉴笔记等进行展览。

②咖啡工作坊体验：准备咖啡制作相关工具制作手冲咖啡、花式咖啡，邀请同学、教师、家长等参观人员品尝咖啡饮品或动手体验咖啡制作。

（3）评奖活动。

各小组相互参观体验。通过生生互评、教师评价、家长评价等，选出最受欢迎的咖啡饮品，并颁发奖状和奖品。

设计思路：

给学生提供展示和交流的时间和空间。学生经历了自主策划展览方案、自主展示成果、互相评价学习的过程，充分激发了研究热情、成就感，感受到了研究的快乐，培养了自主能力、创新意识。

（六）分解驱动问题 5

关于咖啡，我还想研究什么？

持续时间：1 课时。

教学活动：

（1）复盘反思，迭代升级。

通过师生、生生交流活动，回顾整个研究过程，总结收获，反思不足，重新调整研究过程及细节，培养反思能力。

（2）回顾梳理，明确新的研究问题及方向。

通过复盘反思，完成复盘反思表，发现新的研究方向，并初步思考研究方法及过程。比如，咖啡的相关礼仪与文化有哪些？如何开一家咖啡店？咖啡在生活中还有哪些用途？……

设计思路：

通过师生、生生交流等复盘反思过程，培养学生的反思能力，发现新的研究问题及方向。

六、项目评价

本次项目式学习评价方案及相应评价量规如表 3-12-3、表 3-12-4 所示。

表 3-12-3 评价方案

主要产品 / 表现	知识 / 能力目标	证据	评价方式	评价时机
咖啡树生长周期绘本	1. 能够选择整个研究过程中的重要内容，确定绘制主题，并进行初步设计。 2. 字迹清晰工整、内容丰富、图文并茂、有创意。 3. 能够主动和同学、教师交流，寻求改进意见，及时修改完善。	绘本内容丰富真实，条理清晰，图文并茂，排版和设计有创意。	1. 教师及时反馈。 2. 生生互评。评选出最受大家喜爱的绘本。	形成性评价、终结性评价

续表

主要产品 / 表现	知识 / 能力目标	证据	评价方式	评价时机
科学小论文	1. 能根据科学探究过程，逻辑清晰、重点突出地写出论文初稿。 2. 能积极主动地与同学交流，向教师请教，修改论文。 3. 能自信大方地向他人展示和介绍自己的论文。	科学小论文内容完整、逻辑清晰、重点突出，研究过程真实、数据准确，图文并茂，可读性强。	1. 教师及时反馈。 2. 生生互评。评选出最佳科学小论文。	形成性评价、终结性评价
咖啡的制作与品鉴笔记	1. 能够运用五感获得有关咖啡的信息，并重点突出地记录下来。 2. 能运用彩铅等工具，对咖啡的制作与品鉴等相关知识进行图文记录，增加笔记的可读性和美观性。 3. 能够工整书写、清晰表达。	笔记包含基本要素，内容丰富、重点突出、图文并茂、字迹工整。	1. 教师及时反馈。 2. 生生互评。评选出记录详细的咖啡的制作与品鉴笔记。	形成性评价、终结性评价
咖啡饮品	1. 能够利用相关工具制作一杯咖啡。 2. 制作的咖啡有香气、口感丰富、好喝、受大家喜欢。	咖啡饮品的风味丰富、口感顺滑饱满、有香味。	生生互评。评选出最受欢迎的咖啡饮品。	形成性评价、终结性评价
复盘反思表	能够反思自己的学习过程和成长，为未来的学习提供指导和启示。	复盘反思表填写完整，内容清晰明确，具有一定的指导性。	教师及时反馈。	形成性评价、终结性评价

表 3-12-4　咖啡推广评价表

展示平台	评价说明	评价结果
现场展示	学生、教师、家长等对关于咖啡的各种图文成果和咖啡饮品作出现场评价。	☆☆☆☆☆
校外展示	包括在校级以上的媒体、公众号上展示后获得的评价。	☆☆☆☆☆
网络展示	以网络匿名投票的方式进行评价。	☆☆☆☆☆

七、项目反思

（一）教师反思

本次实践活动，师生利用了许多课余时间，去查找资料、种植与养护咖啡树、采摘与处理咖啡果、访谈咖啡学者、参观咖啡工作坊，直到亲手冲泡出一杯杯美味的咖啡饮品。整个过程，教师经历了项目的确定、项目的设计、项目的实施、项目的复盘，极大地提升了教师的课程设计与实施能力。由于项目的复杂性和综合性，教师需要综合运用科学、劳动、数学等学科的知识推进项目的开展，这也促进了教师跨学科能力的发展。

本项目融合渗透了科学、劳动、数学等多种学科的知识与方法，且积极应用了STEAM 教育理念，发展学生的综合素质。在阶段性的教学实践后，项目参与方进行了过程性评价，学生的素养与能力提升效果明显，课程也深受广大同学喜爱。此次探索无疑是有益的，本项目活动是具有一定价值的，是一次比较成功的范例。

回顾本项目的实践，咖啡树的种植与养护、咖啡果的采摘与处理、咖啡的制作等实践活动都需要专业人士进行指导。比如，请咖啡树种植专家进校园、访谈咖啡学者、参观咖啡工作坊等。因此，充分联动家校社，为整个项目的实施提供必要的资源、场地、工具是必要的。

如今，“咖啡文化”逐渐与时尚、艺术等领域紧密联系在一起。虽然只是一颗颗小豆子，但影响了我们的生活饮食，带来了经济利益。我们期待后续开展更深入的探究咖啡与文化、咖啡与茶等内容的活动，帮助更多的人提高对咖啡的认知，让大家了解咖啡的独特用处，也期待探究出更适合小学生喝的咖啡饮品。

（二）学生反思

学生 A：我经历了从采摘、处理咖啡果到做成一杯咖啡的所有过程，学会了许多有关咖啡的知识以及制作一杯咖啡的方法与技巧，知道了原来制作一杯咖啡的过程是那么的麻烦，如种咖啡树时要注意气候和温度，感受到了种植咖啡树的园丁、冲泡咖啡的咖啡师等人的辛苦。经过这次体验，我知道自己应该向他们学习坚持与耐心的良好品质，期待在下次的活动中自己能有所改变。

学生 B：本次实践活动，我了解了从种植、采摘到烘焙的过程。咖啡豆只有经过细致打磨，才能释放芳香；咖啡师只有精准控制水温，才能做出一杯浓香四溢的咖啡。我感悟到一个人的成长或进步也需要像咖啡的制作一样，只有经历一道道工序的锤炼，才能从幼稚的孩童变成知书达理的少年。从“磨碎”到“重建”的过程，亦如我从幼儿园时任性的孩童到小学时遵守纪律的学生的成长过程。后续我希望能够更深入地了解和探究相关知识，帮助更多的人提高对咖啡的认知。

学生 C：在这个过程中，我学会了怎么剥咖啡果，我体会到了咖啡农的辛苦，也知道了一杯咖啡的来之不易。在这中间，我发现我撰写的笔记和别人的相比存在差距。撰写笔记不仅需要写出详细的知识点，而且要写出自己的感受和问题。很期待下次再参加活动。

学生 D：我认为最辛苦的工作就是给咖啡果剥皮了。我们采用的是水洗处理法。把摘下来的咖啡果泡在水里一天，待外皮泡到松弛以后将外皮剥掉，需要剥很长时间。将剩下的部分放到盒子里，晒干后再重复一次剥皮的过程，此时的皮很脆，剥掉需要费很大力气。所以，现在的美好生活来之不易，我们要懂得感恩！

案例 13 我的便捷收纳课桌

胡未 舒显华 刘勇
重庆市江北区新村致远实验小学校

一、项目简介

基于“解决真实问题”以及“符合学生兴趣”两方面的考虑，学校 STEAM 课程开发小组向全校学生发放了“STEAM 工作坊创意生活征集令”。通过对回收的征集令进行梳理发现，学生关注最多的是教室桌椅问题。因此，我们在高年级段开展了对课桌的项目研究，在中、低年级段开展了对椅子的项目研究。高年级段的项目研究初定为“我的 ×× 课桌”。在上课过程中，孩子们开启头脑风暴，对现有课桌存在的问题进行探讨，最终，“我的便捷收纳课桌”项目由此确立。那么，要设计并制作一款便捷收纳的课桌，需要考虑哪些因素呢？基于此，学生进行了激烈的研讨，聚焦外观、结构、材料、成本四个方面，明晰了项目的方向。为了更好地体验工程角色，储备项目相关知识，提高项目推进效率，学生根据兴趣分角色进行了学习与研讨。接下来，学生以小组的形式讨论设计图，并向全班展示研讨结果。此环节不仅是组内学生的思维碰撞、综合取舍、创意可视化的过程，更是组间学生的创意较量、取长补短的过程。之后，学生历经制作、测试、改进过程，体会工程迭代的重要性。最后的成果嘉年华充满仪式感，让学生更有成就感与参与感。在整个项目中，学生从解决真实问题入手，历经了由输入内化到输出碰撞，从而使作品不断迭代升级的过程。本项目信息如表 3-13-1 所示。

表 3-13-1 项目信息卡

基本信息	项目名称	我的便捷收纳课桌
	项目持续时间	6 周
	核心驱动问题	如何设计并制作一款便捷收纳的课桌?
	学科	科学、数学、美术

续表

学生团队	项目年级	五、六年级
	实施团队	STEAM 工作坊
	参与人数	五年级 25 人，六年级 25 人
指导团队	项目设计教师	胡未、舒显华、刘勇
	项目实施教师	胡未、刘勇

二、项目依据

（一）现实依据

向全校学生发放的创意生活征集令显示，学生关注最多的为教室桌椅问题。因此，高年级学生在课堂上，针对现有课桌存在的问题进行了头脑风暴，经分享梳理发现，大部分问题聚焦在收纳上。比如，水杯放桌上易被碰倒、书包不容易放下、饭盒没地方放置等。为了帮助学生解决这些问题，我们开展了此次项目式学习。

（二）课标依据

1. 科学

利用示意图、影像、文字或实物等多种方式，阐明自己的创意，初步认识设计方案中各影响因素间的关系；基于有说服力的论证，认同或质疑某些设计方案，并初步判断其可行性和合理性；利用工具制作简单的实物模型，根据实际反馈结果进行改进并展示。

2. 数学

认识比例尺，能说出比例尺的意义；在实际情境中，会按给定比例进行图上距离与实际距离的换算；能在方格纸上，按给定比例画出简单图形放大或缩小后的图形，形成空间观念和推理意识。

3. 艺术（美术）

观察学习与生活用品，了解“实用与美观相结合”的设计原则，从舒适、美观和便利的角度，发现其不足之处，用手绘草图等形式呈现自己的改进想法；能针对不同问题，用美术与其他学科相结合的方式提出解决问题的思路和方案，设计与制作不同形式的作品。

（三）教材依据

教科版 2022 年版《科学》教材增加了大量项目式学习内容，旨在培养学生的跨学科问题解决能力、技术与工程实践能力、自主学习能力、创新思维和工程思维。比如，五年级下册“船的研究”单元设计制作载重量大的船和六年级下册“小小工程师”单元设计制作塔台模型，它们都是典型的项目式学习单元。虽然选取的研究对象不同，涉及的科学原理各有侧重，但从学生核心素养培养的角度来看，它们同本项目一致，都是为了让学生在形成一定科学观念的基础上，提高学生的科学思维以及探究实践能力，并学会学习。

三、教学目标

（一）学科学业目标

1. 科学

了解简单的人体力学、结构与承重、各种材料的属性以及作用等；能够正确使用剪刀、美工刀、卷尺、热熔胶枪等工具。

了解简单的工程力学，能将想法用立体模型的方式呈现出来；了解设计思维的一般步骤，认识到工程设计是一个反复迭代的过程。

2. 数学

测量课桌与人体坐立高度后，在设计图的绘制以及后期模型的制作中，学会比例尺的运用。

3. 美术

能基于一定美学的角度对课桌进行外观与结构设计，绘制设计图；能基于美学进行课桌模型的制作。

（二）核心素养目标

1. 中国学生发展核心素养目标

（1）科学精神。学习及理解人体力学、结构与承重、各种材料的属性以及作用相关科学知识后，能合理运用到作品的设计与制作中，以此发展理性思维，形成勇于探究的精神。通过探究过程中的组内研讨与组间交流，发展批判性思维。

（2）实践创新。通过设计与制作的迭代过程，学习简单工具的使用，发展问题解决能力以及创新能力。

（3）学会学习。通过问题驱动，增强自主学习意识。能在大量专业知识中，提取对自己方案有用的信息，提升信息意识。在设计分享与研讨、制作中的测试与改进环节，学会不断反思改进。

2. 科学学科核心素养目标

（1）科学观念。通过学习，了解简单的人体力学、结构与承重、各种材料的属性以及作用等科学知识，为解决实际问题提供基础。

（2）科学思维。以小组为单位自主设计便捷收纳课桌，发展创新思维。以模型的形式呈现创意，提升模型建构能力。利用多次分享研讨，提升推理论证能力。

（3）探究实践。基于真实问题的解决，通过自主学习获取相关专业知识并合理运用，历经完整的工程实践过程，提升探究实践能力。

（4）态度责任。通过多样化的合作交流形式，逐渐能够乐于探究和实践，善于合作，乐于分享。针对各小组的分享，敢于大胆质疑，有基于证据和逻辑发表自己见解的意识。

（三）项目成果目标

在设计阶段，形成不同版本的设计图，呈现不断迭代的过程。在成果嘉年华环节，形成最终课桌模型及最终设计图。

四、驱动问题

本次项目式学习的核心驱动问题设定为“如何设计并制作一款便捷收纳的课桌？”，具体分解如表 3-13-2 所示。

表 3-13-2 驱动问题及成果

核心驱动问题	分解驱动问题	阶段成果	最终成果
如何设计并制作一款便捷收纳的课桌?	设计解决这些收纳问题的课桌需要考虑哪些因素?	思维导图：聚焦外观、结构、材料、成本四大因素	较完善的课桌模型
	如何设计并展示便捷收纳课桌?	课桌设计图	
	如何制作并测试便捷收纳课桌?	课桌模型	
	如何改进便捷收纳课桌?	改进后的课桌模型	
	如何展示便捷收纳课桌?	照片或视频	

五、项目实施

（一）入项活动

现在的课桌存在什么问题?

持续时间：1 课时。

教学活动：

（1）团队组建。

①5 个人为一组。在活动手册上填写个人信息。填完后，以 30 秒一次的频率顺时针传递活动手册，快速认识组员。

②组内讨论并填写小组信息，包括组名及组员信息等。

（2）头脑风暴。

①学生讨论：现在的课桌有什么不方便使用的地方或存在什么问题？用思维导图的方式填写在活动手册上。

②小组汇报，其他组补充。教师在黑板上呈现讨论结果并聚焦便捷收纳。确定项目的核心驱动问题——如何设计并制作一款便捷收纳的课桌?

（3）课堂总结。

通过自评表，进行自我评价。

设计思路：

入项活动能够让小组成员快速相互熟悉，提升小组凝聚力。打开学生思维，广泛收集问题，通过提炼归纳，选择最关注的问题。充分发挥学生的主体性，让学生学会从生活中发现问题，并聚焦问题。

（二）分解驱动问题 1

设计解决这些收纳问题的课桌需要考虑哪些因素?

持续时间：2 课时。

教学活动：

（1）通过提问引发讨论。

①提问：设计一款便捷收纳的课桌需要考虑哪些方面的因素呢?

②小组讨论，记录并分享。师生共同梳理，绘制思维导图，聚焦外观、结构、材料、成本四方面。

（2）角色介绍及分配。

组内成员结合自身的特点和兴趣进行角色选择与确定。角色分为外观设计师（1 名）、结构设计师（2 名）、材料审核师（1 名）、成本精算师（1 名）。

（3）授牌仪式。

全班举行“专家”授牌仪式，各类“专家”进行学习与交流。(图 3-13-1)

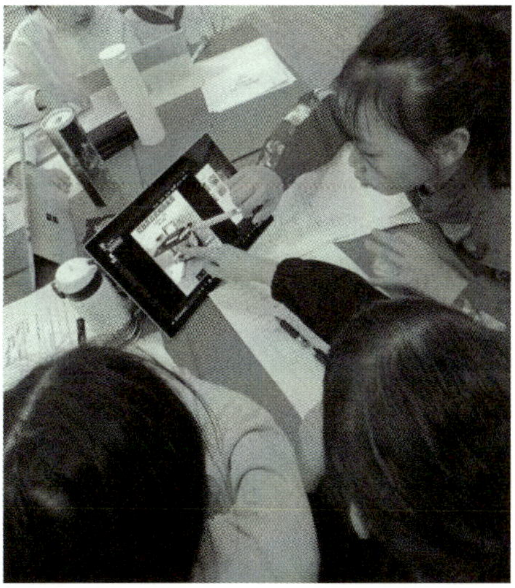

图 3-13-1　学生学习与交流

设计思路：

通过讨论与聚焦，学生能够直观感受到他们的思考成果，并学会梳理提炼，激励自我继续探索学习。为扮演专家的学生授牌，充满仪式感。通过对角色的了解和学习，学生能够对角色有更清晰的认知，形成更具体的角色知识框架。

（三）分解驱动问题 2

如何设计并展示便捷收纳课桌？

持续时间：2 课时。

教学活动：

（1）播放微课，学习设计图的绘制方法。

（2）根据课桌存在的问题（出示幻灯片）以及活动手册上所列的课桌评分标准，组内进行设计。

（3）各小组分享设计，包括设计的理念、作品的亮点、设计者的想法、能够解决的问题等。（图 3-13-2）

图 3-13-2　学生小组分享设计

（4）课下任务：各小组根据分享与交流的内容，合理地改进设计。

设计思路：

通过微课，学生能够学习设计图的绘制方法。学生参与设计过程，并通过小组分享与交流，能够培养小组合作以及表达交流能力。同时，通过分享与交流，学生能够迸发出更多思维的火花，形成修改完善的思路，明白不断改进的重要性。

（四）分解驱动问题 3

如何制作并测试便捷收纳课桌？

持续时间：3 课时。

教学活动：

（1）小组分享和展示修改后的设计图。

（2）挑选材料。综合各位“专家”的想法，各小组中的材料审核师和成本精算师到材料超市以创意币的方式选购材料。

（3）模型制作。各小组基于设计图进行模型的制作以及微调。（图 3-13-3）

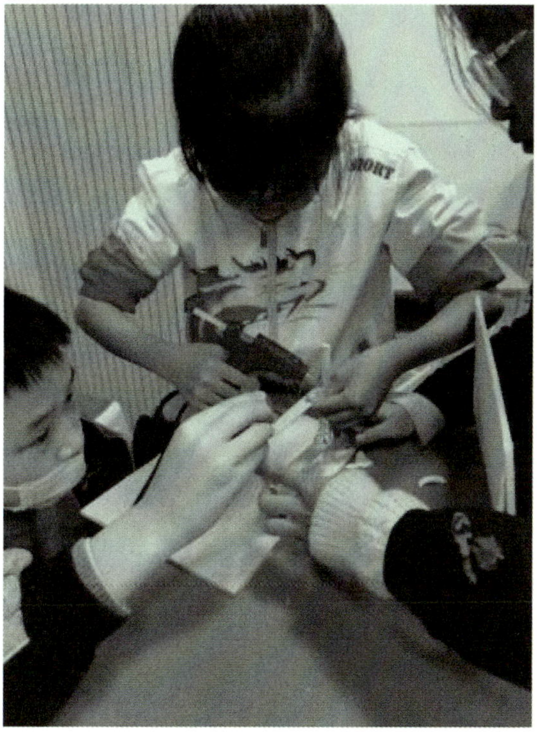

图 3-13-3　学生合作制作模型

（4）测试。进行课桌模型测试，看是否解决了问题。测试主要包括承重能力测试和收纳能力测试。

（5）课下继续完善作品。

设计思路：

将修改后的设计图再次进行分享，检验学生能否受他人的启发对自己的作品进行合理完善。然后，让学生根据设计图选择材料进行制作，并做测试。学生需要考虑材料的性能、价格等，并且在制作过程中根据实际情况不断调整，这有助于提升学生的综合实践能力。

（五）分解驱动问题 4

如何改进便捷收纳课桌？

持续时间：2 课时。

教学活动：

（1）小组分享交流。

①各小组展示设计图以及课桌模型，并再次测试。

②其他小组交流点评，并提出修改建议。

（2）小组改进作品。

设计思路：

学生展示初步的成果，并进行分享，通过展示和交流，养成善于听取别人优秀想法的习惯。其他同学根据实际情况提出修改建议，这能够提升学生的辩证思维能力。通过作品迭代，学生能够体会到工程师不断追求卓越的良好品质。

（六）分解驱动问题 5

如何展示便捷收纳课桌？

持续时间：2 课时。

教学活动：

（1）教师讲解成果嘉年华的大致过程，分发小组互评表，全班做准备。

（2）成果嘉年华。

①小组分享项目过程照片或视频。

②讲解终版设计图，并展示课桌模型。

③测试。对作品进行承重能力测试并记录，利用各类需要收纳的物品模型进行收纳

能力测试。

④其他小组根据评价指标来打分。

（3）教师结合小组互评表进行点评。

（4）学生进行自评。学生上台分享自评结果，结合自我表现和收获进行反思，表达自己的想法。

设计思路：

通过小组合作展示，学会合作学习，提高表达能力，增强自信心。通过测试，明确作品设计要综合考虑多个方面。在交流互动中，学生能够学会倾听、发现和提问，提升应变能力。同时这是总结性环节，学生在项目推进过程中一定感受到了失败的痛苦和成功的喜悦，一定有很多宝贵的经验，也充满了表达和交流的欲望。通过照片或视频让学生回顾此过程，能够促进学生对自己的反思，也有助于他们更加充分地展示自我。

六、项目评价

本次项目式学习评价方案及相应评价量规如表 3-13-3 至表 3-13-5 所示。

表 3-13-3　评价方案

主要产品 / 表现	知识 / 能力目标	证据	评价方式	评价时机
思维导图	1. 能借助思维导图打开思维，从不同角度思考问题，并能用思维导图对小组的讨论结果进行归纳、汇总。 2. 思维导图清晰、精练、完整（有主题、连接线、分支、关键词 / 句）。	思维导图清晰完整，格式正确。	生生互评、教师及时反馈	形成性评价

续表

主要产品 / 表现	知识 / 能力目标	证据	评价方式	评价时机
课桌设计图	1. 根据实际问题，学习设计图的绘制方法，并且探索专业设计图的绘制过程。 2. 能够在平面上按比例绘制出课桌设计图（包含不同视角视图），并标明尺寸，附文字说明。	设计图完整，数据标注清晰，比例准确，有文字说明，可操作性强。	生生互评、教师及时反馈	形成性评价
课桌模型	1. 根据设计图，能选择合适材料进行模型制作，根据实际情况进行修改完善，体会工程设计过程，感受学科与生活的联系。 2. 在实际问题中，感受团队协作、提出设计思路、制定简单方案、反复修改完善从而解决问题的过程。	课桌模型的完整度、创意性、合理性、收纳能力、承重能力以及与设计图相符程度。	生生互评。评选出优秀课桌模型	形成性评价、终结性评价
汇报成果（照片或视频）	1. 能利用信息工具较完整地记录整个项目过程，拍摄清晰，关键步骤有记录且能用不同方式表现。 2. 能够分工合理、条理清晰地介绍本组作品。能对本次项目进行反思，同时能对其他小组提出合理意见。	照片或视频拍摄完整、美观，能够反映整个项目的关键性过程，介绍清晰完整。	生生互评、教师及时反馈、学生自评	形成性评价、终结性评价

表 3-13-4 课桌评分标准

指标	1 分	3 分	5 分	得分
课桌设计图	缺少文字或图画	文字或图画较混乱、缺乏条理，缺乏关键数值标注	文字或图画完整，数值标注清晰明了	
课桌模型整体	作品不完整	作品完整但没有创意	作品完整且有创意	
设计的合理性	不合理处多于 2 处	不合理处为 2 处或少于 2 处	完全合理	

续表

指标	1 分	3 分	5 分	得分
课桌模型成本	> 20 元	10 ～ 20 元	< 10 元	
收纳能力	只能收纳 3 种以下物品	能收纳 3 ～ 5 种物品	完全能收纳所需物品	
模型与设计图的匹配度	大部分不匹配	大体一致	完全一致	
承重能力	所有小组中承重能力最差	所有小组中承重能力处于中等水平	所有小组中承重能力处于较高水平	

表 3-13-5 小组互评表

评价指标	1 分	3 分	5 分	得分
语言表达能力	没有表达清楚	表达清楚，但逻辑混乱	落落大方，表达清楚，逻辑清晰	
小组合作情况	只有两个成员参与	大部分成员参与	所有成员均参与	

七、项目反思

（一）教师反思

1. 实施成效

通过“我的便捷收纳课桌”的实践，我们锻炼了学生的工程思维与创新能力，同时让学生体验了从生活中发现问题，融合各个学科知识解决问题的过程，为学生进一步创新打下了基础。

（1）积极讨论确定选题，解决身边实际问题。学生能结合实际体验，发现目前课桌存在的问题。比如，水杯易被碰倒、书包不易放下等。经过头脑风暴，最终聚焦在了便捷、收纳两个关键点上。借助于集体的智慧，学生锁定了研究方向，确定了“我的便捷收纳课桌”项目名称，并提炼出了考虑因素：外观、结构、材料、成本。

（2）巧妙分组合作探究，开展可行性设计论证。为了调动全员参与，将学生进行了巧妙分组。学生 5 人一组，根据学生的兴趣和特点，为每人赋予不同的角色并授牌。一名外观设计师、两名结构设计师、一名材料审核师、一名成本精算师，进行专项研究学习。这样，每个组员都不可或缺，都要去努力学习所属专业领域的知识，再将所学汇聚在一起，既激发了个人学习的积极性，培养了学生的自主学习意识、责任意识，又保证了小组合作的有效性，让每个组员都能积极表达自己的观点，认真倾听、了解其他成员的学习成果，综合所有组员所学。根据评价方案，学生经历了绘制草图、交流修改、选材制作、分享讨论、展示反思环节，同时，这一过程给学生提供了充分的讨论交流机会，让学生对设计、制作的可行性进行论证，体验不断解决问题的过程。

（3）学科融合完成作品，培养综合创新能力。本项目融合了科学、数学、美术等学科的相关知识，从问题提出、因素分析、草图设计到成品展示，全程都是由学生自主合作完成的，学科知识潜移默化融入其中。学生为达成目标，不断探究，内心的渴望转化为无穷的学习动力。学生一直保持着强烈的探究积极性，激发出了无穷的潜力。

第一，动手实践设计并物化。学生设计草图，按比例设计课桌，利用直尺、圆规等工具绘制设计图，包括三视图。根据设计图，选材制作成品。在设计与制作过程中，虽然学生经常遇到一些困难，如材料切割问题、热熔胶枪使用问题，但是他们都能克服困难，想各种办法解决问题。

第二，不断迭代优化产品。在设计图的修改、模型的完善等过程中，学生能综合考虑其他同学的建议，对设计图、模型进行迭代、优化。在研究过程中，学生就像工程师一样，综合运用各个学科的知识，尝试用多种思维方式解决问题，在“问题—修正—新问题—再修正”的不断优化中收获成功。

第三，展示交流增强自信。我们鼓励学生从各个方面介绍最终的课桌模型，鼓励学生向校内更多的学生展示自己的作品。在展示与交流的过程中，不断提升学生的信心，让学生越来越敢于创新。

（4）及时反思总结过程，加强迁移应用能力。整个项目伴随着自评与他评。最后，学生还进行了反思总结，分享了此次学习的感受与收获。

2. 反思

（1）缺乏课堂观察，没有及时讨论与修改项目。本项目是在学校的社团时间实施的。项目实施过程中，部分团队成员没有全程参与。教师看不到真实课堂的呈现，没有及时发现问题，对项目进行有效迭代。

（2）时间不连续，学生积极性有所下降。本项目实施为每周一次，一次两课时，间隔时间较长。不能保证探究的持续性，降低了学生的热情与积极性。

（3）反馈收集不够，不利于后续课程的开展。本项目完成之后，应该对学生进行问卷调查，收集学生的想法，以便更好地推进后续课程的开展。

（二）学生反思

A 小组：我们感觉很有意思！每周我们都很期待！在这个项目的实施过程中，我们学会了很多工具的使用方法，如热熔胶枪，明白了做什么事情都需要坚持，要善于听取别人的建议，并根据需要来完善自己的作品。我们设计作品时充分考虑了课桌的便捷收纳问题，对水杯、书包、书本等常用物体的收纳都进行了相对合理的规划，设计图经过了很多次的修改。我们还在课桌的前端设计了可以上下移动的分区置物架，不仅不遮挡学生上课的视野，而且实现了分层收纳。虽然设计得很美好，但实际制作起来还是有一定的困难的，所以最后我们减少了一些功能。我们觉得未来这样的课桌可能会出现在教室！（图 3-13-4）

图 3-13-4　A 小组作品分享

B 小组：我们觉得在活动中很自由，可以畅所欲言。通过这一次设计、制作课桌，我们感觉设计师太不容易了。因为一个好的产品需要不断改进，才能达到最好的效果。我们在传统课桌上进行了大量的改动，考虑到了很多细节以及具体物品的收纳问题。为了解决收纳书包以及饭盒的问题，我们不仅设计了传统的抽屉储存区以及两侧的挂钩储存区，而且在桌下设计了放置区，最大限度上扩大了储存空间。课桌面上设计了专门放置水杯以及常用笔的位置，左侧桌脚处还做了圆环以放置雨伞。除了解决收纳问题，我们还考虑到小学生身高增长快，因此将课桌设计成可以上下伸缩的样式以调整高度。另外，还为桌脚处添加了带有开关的万向轮，以便于移动。最终大部分功能实现，但受时间、材料以及制作技术的影响，部分设计想法未能落实。项目结束后，我们几个人还会聚在一起讨论如何改进课桌。（图 3-13-5）

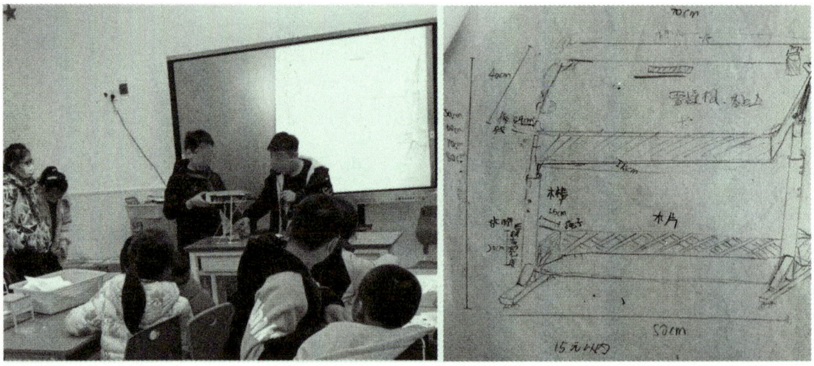

图 3-13-5　B 小组作品分享

案例 14　我是小小景观设计师

陈琛
北京第二实验小学

一、项目简介

我校植物种类繁多，近年来，一些植物因各种问题而凋亡，留下了一片片空地。六年级的植物社团学生注意到这些空地，萌生了重新种植植物和改造空地的想法，希望重新设计校园景观，增加植物种类和数量。基于此，我们启动了“我是小小景观设计师”项目，希望学生能亲身参与校园建设，解决实际问题。本项目的核心驱动问题是：如何设计一处合适的校园景观？项目历时 8 周，面向六年级学生，涉及科学、语文、数学、信息科技、美术等学科，最终成果是学生绘制出景观设计图，并通过演讲进行成果展示。本项目信息如表 3-14-1 所示。

表 3-14-1　项目信息卡

基本信息	项目名称	我是小小景观设计师
	项目持续时间	8 周
	核心驱动问题	如何设计一处合适的校园景观？
	学科	科学、语文、数学、信息科技、美术
学生团队	项目年级	六年级
	实施团队	植物社团学生
	参与人数	12 人
指导团队	项目设计教师	陈琛
	项目实施教师	陈琛

二、项目依据

（一）现实依据

近年来，校园内一些植物因病虫害、环境变化等而相继凋亡，留下了许多空地。这不仅影响了校园的美观和生态环境，而且使学生的日常生活失去了一些乐趣。六年级的植物社团学生注意到这些空地，萌生了重新种植植物和改造空地的想法，他们希望通过项目式学习，重新设计校园景观，增加植物种类和数量。这个项目不仅能改善校园环境，而且能让学生在解决实际问题的过程中，提升动手能力和综合素质。因此，解决校园空地改造问题具有现实意义和紧迫性。

（二）课标依据

对六年级学生，《科学课标》提出了以下内容要求：知道植物可以利用阳光、空气和水分在绿色叶片中制造其生存所需的养分。

《义务教育数学课程标准（2022 年版）》提出，会计算常见平面图形的周长和面积，会计算常见立体图形的体积和表面积。

《义务教育语文课程标准（2022 年版）》提出，表达有条理，敢于发表自己的意见，说清自己的观点。能根据对象和场合，作简单的发言。

《义务教育艺术课程标准（2022 年版）》提出，能为学校或社区的学习与生活需求设计作品，形成设计意识。

（三）教材依据

科学教材中介绍了植物的种类、生活环境和生长条件，帮助学生理解植物多样的重要性，为校园空地改造提供了理论基础。

数学教材中涉及面积计算、空间规划等内容，为学生在测量空地和设计校园景观时提供了工具和方法。

语文教材注重语言表达和逻辑思维的培养，通过写作和口语训练，提升学生在项目汇报和沟通中的表达能力。

美术教材包含了色彩搭配、构图和设计的基本知识，指导学生进行景观设计和绘图，提升美感和创造能力。

三、教学目标

（一）学科学业目标

1. 科学

（1）知道生命世界中植物的多样性。

（2）理解植物生存需要水、光照、合适的温度。

2. 语文

（1）能够用准确的语言，阐述自己的设计。

（2）有逻辑、有条理，说清楚自己的观点和思考。

3. 数学

（1）能够通过长和宽，计算长方形面积。

（2）能够在有限空间，安排适当的植物。

4. 信息科技

能够使用搜索引擎和书籍对需要的信息进行收集。

5. 美术

能够根据叶、花、果的颜色、形状、大小等特点，设计出富有美感的植物景观。能够画出自己的景观设计图。

（二）核心素养目标

1. 中国学生发展核心素养目标

（1）实践创新。善于发现问题、解决问题；能依据特定情境和具体条件，选择制定合理的解决方案。

（2）科学精神与学会学习。尊重事实和证据，能运用科学的思维方式认识事物、解决问题；能多角度思考问题，辩证地分析问题，通过相互交流优化方案。

2. 科学学科核心素养目标

（1）科学观念。知道植物生长发育需要阳光、空气、水、适宜的温度、养分等。

（2）科学思维。能够运用创新思维，从不同角度分析、思考问题，提出新颖而有价值的观点和解决问题的方法。

（3）探究实践。会使用光照计、土壤检测仪等设备，测量栽培环境，从而确定何时适合栽种植物。

（4）态度责任。能够和小组同学合作，进行交流和分享，听取他人意见和建议，不断迭代自己的作品。

（三）项目成果目标

学生绘制景观设计图，并通过演讲进行成果展示。

四、驱动问题

本次项目式学习的核心驱动问题设定为“如何设计一处合适的校园景观？”，具体分解如表 3-14-2 所示。

表 3-14-2　驱动问题及成果

核心驱动问题	分解驱动问题	阶段成果	最终成果
如何设计一处合适的校园景观？	应该选择什么样的空地构建校园景观？	调查报告	景观设计图
	应该在空地上种植什么植物？	平面设计图	
	如何让校园景观更合理、更美观？	迭代方案	
	如何展示校园景观设计并获得他人的认可？	演讲	

五、项目实施

（一）入项活动

我最喜欢的校园景观。

持续时间：1 周。

教学活动：

（1）学生课下自由参观校园景观。

（2）组织学生讨论：你最喜欢哪个校园景观？可以引导学生关注校园植物的多样性以及不同景观的设计。

（3）组建团队，确定小组成员及其分工、队标、队名和公约等。

设计思路：

通过这一系列的活动，学生有机会针对性地观察、了解校园景观，为后续活动做铺垫；小组设计队标、队名和公约，这是小组的初次合作任务，将帮助学生建立团队意识，形成团队荣誉感和责任感。

（二）分解驱动问题 1

应该选择什么样的空地构建校园景观？

持续时间：1 周。

教学活动：

（1）确定参数——参考哪些因素做选择？

学生根据所学知识进行分析：植物生长受到哪些因素的影响？学生通过头脑风暴，分析得出，植物生长需要考虑光、土、肥、水、地上空间、土壤深度等因素。那么如何选择合适的地点？学生明确需要以光、土、肥、水、地上空间、土壤深度为参考条件，从而选出合适的空地。

（2）测量数据，撰写调查报告。

学生分别对不同空地的光照时长、土壤肥力、土壤酸碱度、周围植物、空地面积和向上的空间高度等条件做了测量。最终根据这些数据，选定学校黄楼东侧一块约 4 平方米的空地。

设计思路：

“设计空地的植物景观，丰富校园植物的多样性”是学生美好的心愿和目标。但是景观设计是一个综合而复杂的问题。所以在学生有目标后，教师需帮助学生将复杂问题进行拆解。首先就是环境的选择。通过选择环境，学生再次感受到植物生存和环境的密切关系。通过测量各项环境参数，学生也体验到了科学的“实证精神”的意义，即一切决策不是拍脑门就确定的，需要用数据和事实做参考，如此，我们才会做出相对客观、合理的决策。

（三）分解驱动问题 2

应该在空地上种植什么植物？

持续时间：4 周。

教学活动：

（1）像景观设计师一样思考。

面对种植什么植物，学生是茫然的。这时候需要教师引导学生思考：面对一块空地，景观设计师是如何思考的？

通过对“景观设计师”角色的认识，学生了解到设计景观需要考虑以下方面：客户需求、设计目标、功能分区、材料和设施、生态与环保、成本预算、维护和管理。

（2）了解北京地区常见植物及其特点。

在了解北京常见园林植物有 50 余种的基础上，学生尝试做植物笔记，记录植物的外形特点、生存条件。

（3）调查校园中不同年级学生、教师和校工师傅对于植物的需求。

设计景观需要考虑观赏景观的人的感受，所以学生可从植物功能、植物多样性、植物美观度、养护难度等多角度对校园中的不同人群做调查。

（4）绘制初稿。

学生初步绘制平面设计图。

设计思路：

景观的效果取决于对植物的选择，所选择的植物合适与否是整个项目成功与否的关键。设计不是平地起高楼，有了对环境的认识，还需要选择适合北京气候的植物，也就是说，学生需了解北京气候，了解植物的四季特征和生长规律。有些信息六年级的学生可以通过网络搜索获得，这个过程可以提高学生自主获取知识的能力，以及整理规划的能力；有些信息则需要教师通过准备的视频和幻灯片资料进行讲解补充。

（四）分解驱动问题 3

如何让校园景观更合理、更美观？

持续时间：1 周。

教学活动：

请园艺专家和景观设计专家到校，学生小组对自己的设计的科学性、美观性、可操作性、合理性进行阐述，说明对景观的设计想法，现场进行答辩。专家对设计图逐一点评，提出建议。学生根据专家意见，形成迭代方案，对设计图进行修改。

设计思路：

学生选择植物后，按照自己的想法，依据植物的色彩、高低层次对所选植物进行了初步规划。从设计图上看，这些设计是非常美观的。但是学生毕竟对植物真实的生长和养护情况还不够了解，所以请拥有丰富经验的专业人士来对学生的设计进行有针对性的指导。在指导中，学生可以通过与专家沟通了解更多实际经验和操作中可能遇到的问题，验证自己的想法，形成迭代方案。

（五）分解驱动问题 4

如何展示校园景观设计并获得他人的认可？

持续时间：1 周。

教学活动：

（1）分组展示设计图并说明设计思路。小组成员可以提前制作好幻灯片，并以演讲的方式向大家介绍。

（2）其他小组提问，本小组成员作出回答。

设计思路：

给予学生展示空间，让他们分享自己的成果。展示过程能够使学生更加的自信、乐学、乐分享，同时培养了学生的思辨能力。

六、项目评价

本次项目式学习评价方案及相应评价量规如表 3-14-3、表 3-14-4 所示。

表 3-14-3　评价方案

主要产品 / 表现	知识 / 能力目标	证据	评价方式	评价时机
调查报告	1. 能够设计合理的问题、实施恰当的操作以获得所需的信息。 2. 能够对调查的数据进行分析。	调查报告项目齐全，格式正确。	教师及时反馈	形成性评价
平面设计图	能够根据科学性、可操作性、美观度等方面绘制设计图。	设计图中绘制了不同植物，有文字说明，有不同区域的区分。	教师及时反馈	形成性评价
迭代方案	能够听取同伴或者专家的建议或者意见，对设计图进行升级和迭代。	能看到做了修改。	专家反馈	终结性评价
演讲	1. 能够将本组特色进行准确、清晰的介绍。 2. 交流过程中语言简练、表达有条理。	幻灯片制作完整，能清晰地讲述。	生生互评	终结性评价

表 3-14-4　成果汇报评价量规

团队名称	内容	汇报交流	倾听	互动	创新
	设计合理，构图美观，可操作性强。	观点阐述明确，汇报有条理、清楚，声音洪亮，大方得体。	认真倾听，做好记录，及时评价。	能够解答他人的提问，小组成员相互配合。	设计有特色。
	☆☆☆☆☆	☆☆☆☆☆	☆☆☆☆☆	☆☆☆☆☆	☆☆☆☆☆
	☆☆☆☆☆	☆☆☆☆☆	☆☆☆☆☆	☆☆☆☆☆	☆☆☆☆☆
	☆☆☆☆☆	☆☆☆☆☆	☆☆☆☆☆	☆☆☆☆☆	☆☆☆☆☆

七、项目反思

（一）教师反思

1. 师生的角色变化

项目式学习让学生更多地参与协作学习任务，发挥团队学习的优势，通过充分的团体性活动，如头脑风暴、研讨、答辩等，发展学生对协作的认知。在项目进行的全过程中，学生是项目的主要研究者、参与者，教师是整个项目的总设计师、学生的支持者，负责在关键阶段推动项目发展。教师和学生是亲密合作的，能够彼此分享发现新知的快乐。

2. 项目中的不确定性

虽然项目前期有教师的思考，但是项目实施过程当中，不可避免地会有一些超出教师设计之外的生成性的东西，如本次项目后期出现了因土层较浅而导致设计的大树无法种植的问题。既然项目式学习解决的是真实的问题，那么在真实的学习过程中出现这样的问题也是情理之中的事。从项目的过程和结果来看，这成为项目后期一个新的探究问题，并且学生在短暂的失望后会立刻调整自己的想法，积极面对新的限制性条件，修改自己的设计图。这样的过程既锻炼了学生抗挫的能力，也为学生以及教师今后在面对类似的项目时，积累了更多的经验。

3. 跨学科学习的自然融入

在项目式学习中，不同学科的知识和技能会被自然地使用，这是基于项目逻辑和角色的必要使用，不同于在简单地灌输和多学科拼盘式讲述的背景下学生的使用。学生通过测量各项环境数据、计算空地面积、收集植物信息、认识气候等活动，触及了数学、科学、美术和语文等多个学科。很多曾经进入脑海中的独立知识点被唤醒，被调用在具体的情境中，这使得抽象的知识和技能更加具体、更加具有生命力。这种跨学科学习培养了学生的综合能力，帮助学生理解了学科之间的关联性，培养了学生的综合思维和解决问题的能力。

4. 在创造中感受使命

项目的进行能够让学生感受到学习会改变真实世界，赋予他们一种主体感、意义感，也有利于学生反思自己对身边人、对未来世界所肩负的责任。项目式学习注重知识与现实生活的联系，注重问题解决，为培养学生的综合理解能力、决策能力、思维能力提供了可能性。通过这个项目，学生可以参与到校园环境的改造中，体验到自己的努力对于创造美好校园的重要性，感受到自己的研究对于恢复校园植物多样性的重要意义。这种参与性的学习可以激发学生的主动性和责任感，培养他们对校园环境的关注，乃至对地球生态环境的保护意识，校园育人、环境育人的重要目标也会在这一过程中实现。六年级的学生毕业在即，学生设计景观的过程不仅是自己的研究性学习过程，也是为母校留下毕业礼物的过程。如果学生的设计最终在校园中落实，那么这不仅会让母校感到骄傲，也将成为学生难忘的回忆。

（二）学生反思

作为一名六年级学生，参与到“我是小小景观设计师”这个项目中，我不仅学到了很多新的知识和技能，也深刻感受到团队合作和实际动手的乐趣与挑战。

担任“景观设计师”的角色让我体验到了前所未有的责任感和成就感。以前总是觉得景观设计离我们的生活很遥远，但实际参与其中后，我觉得设计起来也没有那么难，有一些要求经学习后我也可以达到，如空间的利用、植物的搭配，甚至是对安全问题的考虑。

在设计校园景观的过程中，我们进行了校园需求调查和植物信息收集。不仅用到了数学知识进行面积测算和比例规划，而且用到了语文技能写调查报告，翻阅参考资料，进行阅读理解，还用到了在美术课上学习的绘制设计图和进行色彩搭配的方法。这种学习方式让我认识到，各学科知识都是相互关联的，解决一个问题需要用到很多学科的知识。

与小组成员共同协作，是整个项目中最有挑战性也是最有趣的部分。每个人都有自己的想法和擅长的领域，我们一起开启头脑风暴，共同讨论和决策。在出现分歧时，我们通过倾听找到最佳解决方案。这个过程不仅培养了我的沟通能力，也使我认识到团队合作的重要性。一个人的力量是有限的，但集体的智慧可以创造出更加完美的设计。

与专业的景观设计师交流，获得他们的建议和反馈，是一次非常宝贵的学习机会。

专家们指出了我们设计图中的不足，并提供了专业的改进意见。通过不断修改和完善设计图，我深刻体会到，优秀的设计需要无数次试验和调整。专业人士的指导也激发了我们对更高标准的追求。

这次“我是小小景观设计师”的项目让我们用实际行动为学校留下了一份有意义的毕业礼物，同时也激发了我们对环境设计和保护的兴趣和热爱。在以后的学习和生活中，我们也会继续关注环境，积极参与到更多有意义的项目中，为创造更加美好的世界贡献自己的力量。

案例 15　我是小小塔台设计工程师

傅晓昔　陈宏珍
湖南省长沙市雨花区枫树山莲湖小学

一、项目简介

《科学》六年级下册第一单元“小小工程师”讲到了建造塔台。联系我校的真实情况——需要为新操场修建塔台，我们对该单元的课程进行重新梳理，改编了一个项目式学习案例。本项目包括实地考察了解塔台设计的原理以及塔台的作用、制定塔台设计方案、制作塔台模型并对其进行检测、撰写竞标书、参与竞标会获取塔台设计资格。项目结合科学、语文、美术、信息科技和数学等多学科的知识，旨在培养学生的综合实践能力、创新思维和跨学科运用能力，同时通过组建团队，提升学生的合作与沟通能力。本项目信息如表 3-15-1 所示。

表 3-15-1　项目信息卡

基本信息	项目名称	我是小小塔台设计工程师
	项目持续时间	3 个月
	核心驱动问题	如何为学校新建操场设计塔台?
	学科	科学、语文、美术、信息科技、数学
学生团队	项目年级	六年级
	实施团队	六年级全体学生
	参与人数	288 人
指导团队	项目设计教师	傅晓昔
	项目实施教师	傅晓昔、陈宏珍、陈琴

二、项目依据

（一）现实依据

2022 年 12 月本校修建了新操场，如图 3-15-1，面积比较大，配套的设施不完善，在上体育课、做课间操、举办运动会时，教师很难顾及全场。所以，修建一个塔台来解决这一真实问题就是极有现实意义的事情。

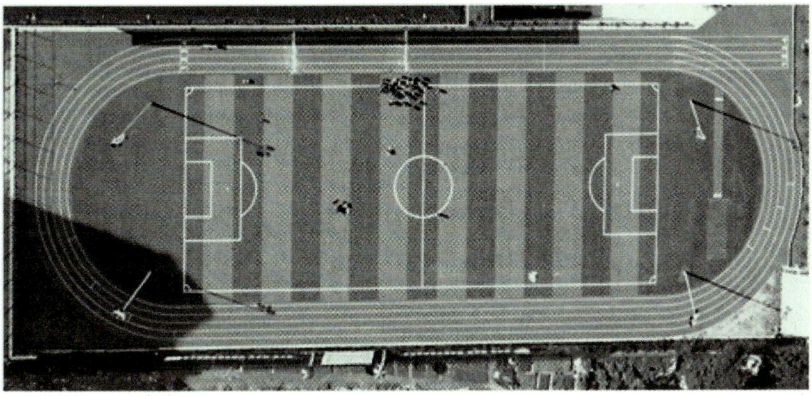

图 3-15-1　学校操场俯视图

（二）课标依据

1. 内容要求

定义简单工程问题，包括材料、时间或成本等限制条件，提出验收标准。

利用示意图、影像、文字或实物等多种方式，阐明自己的创意，初步认识设计方案中各影响因素间的关系。

利用工具制作简单的实物模型，根据实际反馈结果进行改进并展示。

2. 学业要求

能提出满足一定限制条件的简单工程问题，知道验收标准。

能基于所学科学知识，应用创造性思维的基本方法提出多种设计方案，基于批判性思维评价并优化设计方案。

能制作实物模型，并基于证据改进实物模型的设计和制作。

知道技术与工程需要实事求是，能如实记录相关信息和正确对待作品的缺陷。

（三）教材依据

教科版《科学》六年级下册第一单元“小小工程师”一共7课，内容主要分为两个部分。

第一部分是第1～2课，即“了解我们的住房”“认识工程”，学生对工程进行了解，为后面的工程实践做认知储备。前两课分别选择了我们熟悉的住房及代表我国桥梁建设极高水平的港珠澳大桥作为素材，引导学生展开对工程的了解。通过这两课的学习，学生能够对工程特点、工程建设与科学技术之间的关系形成初步的认知。

第二部分是第3～7课，即“建造塔台”“设计塔台模型”“制作塔台模型”“测试塔台模型”“评估改进塔台模型”，学生亲历工程实践，不断改进设计模型，感受“工程的关键是设计”这一学习内容。学生在“做工程”的深度学习中，进一步了解工程的基本程序，体会工程的复杂性以及设计过程的反复性等特点，感受“做”的成功和乐趣，同时他们的实践能力、运用科学知识解决问题的能力也能得到培养，工程的高阶思维可以得到发展。

三、教学目标

（一）学科学业目标

1. 科学

（1）理解塔台的基本构造、原理及作用。

（2）能利用示意图、影像、文字或实物等多种方式，阐明自己的创意，初步撰写塔台设计方案。

（3）能基于有说服力的论证，认同或质疑塔台设计方案，并初步判断其可行性及合理性。

（4）能利用工具制作塔台模型，根据实际反馈结果进行改进并展示。

（5）能通过查阅资料、参照范本制作塔台竞标书。

2. 语文

（1）提高文本阅读能力、信息筛选能力。

（2）通过撰写竞标书，提升应用文写作能力。

（3）参与竞标会，学习表达自己的想法和感受，增强口头表达能力。

3. 美术

（1）学习塔台的基本形态和结构特点，了解不同塔台的设计风格和特点。

（2）尝试进行塔台的创意设计，通过绘制设计图和制作模型来展现自己的想法。

（3）尝试参照专业建筑设计的资料，美化设计图和模型。

4. 信息科技

（1）掌握幻灯片制作技巧，为竞标时更好地展示作品做充分的准备。

（2）尝试用相机等拍摄工具拍摄视频、用常用视频剪辑软件剪辑视频，并应用于竞标书和竞标会中，更直观、有效地展示作品。

（3）若信息技术能力强，可以尝试制作电子标书二维码，扫描二维码即可显示电子标书。

5. 数学

（1）会运用数学知识进行塔台的设计和计算，如塔台模型的比例计算、塔台的成本预算等。

（2）能够更准确地理解和分析塔台的设计特点，提出合理的改进方案。

（3）会运用数学模型和图表来展示和分析数据，提高数学应用能力，如竞标结果的统计。

（二）核心素养目标

1. 中国学生发展核心素养目标

（1）学会学习。在项目活动中，能选择合适的学习方法，并对学习进程进行评估，学会反思。

（2）实践创新。在实践活动中能发现问题、解决问题，并且创造出新的作品。

2. 科学学科核心素养目标

（1）科学观念。能够通过绘制塔台设计图并且按照设计图制作塔台模型，能够按要求完成塔台竞标书并积极参与竞标会。

（2）科学思维。能在设计过程中发现问题，并从不同角度分析、思考问题，从而提出不同的解决问题的方法。

（3）探究实践。能够去设计院、建材市场等考察了解实际情况，并将结论应用于竞标书撰写和塔台模型制作中。

（4）态度责任。学会分工合作，共同讨论和决策，展现团队合作精神，提高沟通能力。

（三）科学项目成果目标

阶段成果 1：制定塔台设计方案。

阶段成果 2：制作塔台模型。

阶段成果 3：撰写塔台竞标书。

阶段成果 4：参加一场校级竞标会。

最终成果：完善塔台模型，使其符合需求，并参与塔台竞标会。

四、驱动问题

本次项目式学习的核心驱动问题设定为“如何为学校新建操场设计塔台？”，具体分解如表 3-15-2 所示。

表 3-15-2 驱动问题及成果

核心驱动问题	分解驱动问题	阶段成果	最终成果
如何为学校新建操场设计塔台?	如何制定塔台设计方案呢?	塔台设计方案	符合需求的塔台模型
	如何制作塔台模型?	塔台模型	
	如何撰写塔台竞标书?	塔台竞标书	
	如何赢得竞标?	一场校级竞标会	

五、项目实施

（一）入项活动

为什么要为学校操场设计塔台？

持续时间：1 课时。

教学活动：

（1）组织学生前往学校操场。

怎样才可以实现站在操场上时能够看到所有人呢？

可以引导学生思考，要想看到操场的全貌需要站得高，此时就需要搭建一个塔台建筑物。

（2）塔台设置在哪里合适？

引导学生讨论确定塔台位置需要注意的事项。

（3）组建团队（小组成员及其分工、名称、口号等）。

设计思路：

带领学生在操场中真实感受建造塔台的必要性，思考如何确定塔台位置。在此过程中，学生需要考虑到塔台会不会对体育课、运动会、大型活动有影响，是否存在安全隐患等。在真实的情境中培养学生考虑问题的全面性，使学生学会分清问题的主次。

（二）分解驱动问题 1

如何制定塔台设计方案？

持续时间：2 周。

教学活动：

（1）发布活动任务。

①项目启动：教师播放视频——关于塔台的相关知识。

②学校可以组织建筑设计方面的专家来校举办专题讲座。

③项目小组可以确定时间去参观设计院。

（2）收集所需资料。

①调查校园周边建材市场，了解价格、品质等，制作成统计表。

②如何购买所需建材?

③计算购买所需建材所用经费。

（3）初步制定塔台设计方案。

①考虑塔台的高度、结构、实用性、安全性等。

②确定设计方案的任务分工。

③初步完成设计图的绘制。

④举办设计图的分享交流会。

设计思路：

选取学生感兴趣的话题开展学习，采取聘请专家和实地考察学习等方式，让学生进行初步认知并尝试设计。以设计塔台为情境，学生将所学知识进行整合用以解决新的问题，在此过程中培养空间观念、创新思维和应用意识。

（三）分解驱动问题 2

如何制作塔台模型?

持续时间：2 周。

教学活动：

（1）初步制作塔台模型。

①小组成员进行分工，认领任务。

②记录在制作过程中遇到的困难和解决方法。

③制作塔台模型。

④对模型进行测试。

（2）完善模型。

①根据塔台设计图和测试结果，对模型进行修改。

②完成最终成果分享，获得竞标资格。

设计思路：

制作模型的过程中会出现各种各样的问题，尽量让学生自主解决，如图 3-15-2 及图 3-15-3，使所学知识为问题解决而服务。在解决问题的过程中，再次强化知识，发展思维。

图 3-15-2　制作塔台模型

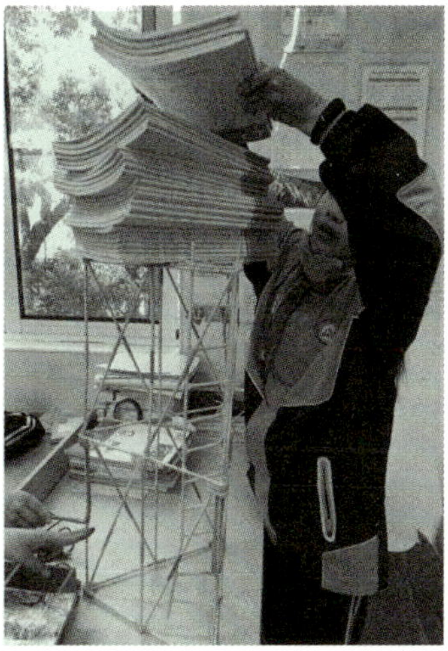

图 3-15-3　塔台模型承重测试

（四）分解驱动问题 3

如何撰写塔台竞标书？

持续时间：2 周。

教学活动：

（1）初步完成竞标书。

①查找资料，了解竞标书的相关知识。

②小组分工，撰写竞标书。

（2）完善竞标书。

根据组内人员提出的建议进行修改。

设计思路：

在融入真实问题情境、解决问题的过程中感受处理工程问题的规范性、解决方案的多样性，以及根据反馈迭代改进作品的必要性。在完成任务的过程中，培养工程实践能力和创新能力。

（五）分解驱动问题 4

如何赢得竞标？

持续时间：1 周。

教学活动：

（1）初步完成竞标幻灯片的制作和演讲词的撰写。

①小组分工，整理需要展示的内容。

②完成幻灯片的制作、竞标词的撰写。

（2）完善幻灯片，彩排。

①根据组内人员提出的建议进行修改。

②组内根据竞标会的竞标情况，进行彩排。

（3）完成展示。

①举办校级竞标会。

②投票和统计，公布结果。

设计思路：

给予学生展示空间，让他们把自己的成果进行分享；在展示过程中，学生会更加自信、乐学、乐分享，同时培养思辨能力。

六、项目评价

本次项目式学习评价量规如表 3-15-3 至表 3-15-5 所示。

表 3-15-3 项目过程评价

项目	评价内容	学生自评	教师评价
学习能力	借助工具获取信息的能力	☆☆☆☆☆	☆☆☆☆☆
	处理信息能力	☆☆☆☆☆	☆☆☆☆☆
	动手操作能力	☆☆☆☆☆	☆☆☆☆☆
	评价、反思、改进能力	☆☆☆☆☆	☆☆☆☆☆
合作精神	协调处理问题	☆☆☆☆☆	☆☆☆☆☆
	分工完成任务	☆☆☆☆☆	☆☆☆☆☆

表 3-15-4　成果评价

评价内容	学生自评	教师评价
实用性	☆☆☆☆☆	☆☆☆☆☆
美观度	☆☆☆☆☆	☆☆☆☆☆
稳定度	☆☆☆☆☆	☆☆☆☆☆
受欢迎度	☆☆☆☆☆	☆☆☆☆☆

表 3-15-5　小组内部评价

小组成员	负责内容	组员互评	评价标准
		☆☆☆☆☆	1. 能积极地参与小组成员间的研讨。 2. 能主动承担小组分配的任务。 3. 能认真地完成所分配的任务。 4. 能主动地协调小组成员间的关系。
		☆☆☆☆☆	
		☆☆☆☆☆	
		☆☆☆☆☆	
		☆☆☆☆☆	
		☆☆☆☆☆	

七、项目反思

（一）教师反思

在这次项目式学习活动中，我们感受最深的是，我们严重低估了孩子们的创造能力。孩子们非常积极地参考已有的塔台设计，但同时又大胆地改进，制定了具有自己特色的塔台设计方案。我们应该要适时、适当地放手让孩子们自己去完成任务。在本次项目式学习活动中，对市场的考察、幻灯片的制作、演讲词的撰写等都是孩子们自己完成的。当他们碰到了问题，咨询教师时，教师虽适当提供了一些建议，但没有给予明确的答复，结果孩子们都做得非常好，他们对信息的处理能力、解决问题的能力和与人交流沟通的能力都得到了很大的提高。

（二）学生反思

通过这次项目式学习，我感觉自己真的可以像大人一样，独立地去发现问题和解决问题。比如，我们小组在制作塔台模型时发现塔台的稳定性不好，我们一起找了很久才找到原因，原来是在制作塔台模型时高和宽的比例与高和长的比例不对，我们对此进行了多次改进，后来塔台模型才通过测试，我们也终于拿到竞标资格。我觉得只要坚持不放弃，就一定可以成功。

我们去建材市场了解了有哪些建材、它们的性能和价格是怎样的，最终找出了最具性价比的材料；我们还去了设计院，听专家伯伯讲述如何搭建脚手架，后来在制作塔台模型时，我们就运用到了这种方法，这就是从生活中学习知识并运用知识。我很喜欢这样的项目式学习活动。